ABUSO DE FRAQUEZA
E OUTRAS MANIPULAÇÕES

Marie-France Hirigoyen

ABUSO DE FRAQUEZA
E OUTRAS MANIPULAÇÕES

Tradução
Clóvis Marques

Rio de Janeiro | 2014

Copyright © 2012 by Éditions Jean-Claude Lattès, 2012.

Título original: *Abus de Faiblesse et autres Manipulations*

Capa: Simone Villas-Boas
Imagem de capa: Gazimal/Getty Images

Editoração: FA Studio

Texto revisado segundo o novo
Acordo Ortográfico da Língua Portuguesa

2014
Impresso no Brasil
Printed in Brazil

Cip-Brasil. Catalogação na publicação
Sindicato Nacional dos Editores de Livros – RJ

H559a   Hirigoyen, Marie-France, 1949-
          Abuso de fraqueza e outras manipulações / Marie-
France Hirigoyen; tradução Clóvis Marques. – 1. ed. – Rio
de Janeiro: Bertrand Brasil, 2014.
          224 p.; 21 cm.

          Tradução de: Abus de faiblesse et autres manipulations
          ISBN 978-85-286-1677-4

          1. Comportamento manipulador. I. Título.

                                 CDD: 153.852
13-06298   CDU: 159.947.3

Todos os direitos reservados pela:
EDITORA BERTRAND BRASIL LTDA.
Rua Argentina, 171 — 2º andar — São Cristóvão
20921-380 — Rio de Janeiro — RJ
Tel.: (0xx21) 2585-2070 — Fax: (0xx21) 2585-2087

Não é permitida a reprodução total ou parcial desta obra, por
quaisquer meios, sem a prévia autorização por escrito da Editora.

Atendimento e venda direta ao leitor:
mdireto@record.com.br ou (0xx21) 2585-2002

Sumário

Introdução 9

CAPÍTULO I
ABUSO DE FRAQUEZA E MANIPULAÇÃO

1. Do consentimento e da liberdade 21

Consentimento 22

Doação 32

Confiança 36

2. Da influência à manipulação 39

Convencer ou persuadir 39

Sedução 40

Influência 42

Manipulação 44

Dominação 53

3. Os textos jurídicos 60

Código de Consumo 62

Sujeição psicológica 64

CAPÍTULO II

AS PESSOAS VISADAS

1. Pessoas vulneráveis, idosas ou deficientes 67

    Abusos financeiros 68

    Maus-tratos 78

    Medidas de proteção 78

2. Abuso de fraqueza contra menores 88

    Alienação parental 89

    Influências externas 117

3. Buscando a sujeição psicológica 123

    Assassinato por procuração 124

    Manipulados(as) ou manipuláveis? 134

4. Sujeição amorosa ou sexual 144

5. Dominação das seitas 163

CAPÍTULO III

MANIPULADORES E IMPOSTORES

1. Quem são os manipuladores? 171

    Das falhas na autoestima à megalomania 175

    Sedutores e estrategistas sutis 176

    Mentiras e linguagem pervertida 178

    Necessidade do outro e colagem 180

    Ausência de senso moral 182

2. Mitômanos 183

    Poder de sedução dos mitômanos 187

Apresentar-se como vítima para existir	188
Mentiras que acabam mal	190
Consequências dramáticas para os circunstantes	192

3. Escroques 194

4. Perversos narcisistas 197

Sedução 198

Vampirização 199

Desresponsabilização 199

Transgressões 200

Um analista perverso narcisista: Masud Khan 201

5. Paranoicos 204

O caráter paranoico 204

Variantes de caráter 206

Delírio paranoico 208

Conclusão: Uma sociedade que induz 209

INTRODUÇÃO

Quem poderia afirmar que nunca foi manipulado? Quem nunca teve a sensação de que alguém "se aproveitou", de que foi trapaceado? Geralmente temos dificuldade de reconhecê-lo, pois nos sentimos envergonhados e preferimos esconder. Mas isso acontece diariamente com pessoas vulneráveis.

Recentemente, o noticiário em torno de personalidades públicas consideradas frágeis pelos parentes e amigos tem chamado a atenção para ações judiciais por abuso de fraqueza. Esses fatos, que nos impressionam pelas somas envolvidas ou a notoriedade das vítimas, estão longe de serem isolados. Muitos psiquiatras são chamados para atender vítimas de manipulações ou vigarices à primeira vista inofensivas, mas que as deixam profundamente abaladas.

As dimensões morais

Falar de abuso de fraqueza é questionar os conceitos de consentimento, submissão e liberdade. O consentimento de uma pessoa seria invariavelmente indício de real concordância? Essa pessoa estaria de posse de todos os elementos necessários para fazer uma

10 ABUSO DE FRAQUEZA E OUTRAS MANIPULAÇÕES

escolha? Seu consentimento basta para afirmar que o ato é lícito? A resposta a essas perguntas vai além do direito, mobilizando também a moral e a psicologia. Quais são exatamente os limites do que é aceitável no plano moral? O que dizer das situações em que o abuso de fraqueza não é patente no nível jurídico nem, portanto, sancionável, mas nas quais incontestavelmente houve manipulação e violência psíquica para obter um consentimento? Analisaremos esses casos em que um indivíduo se vale da fraqueza de outro para "se aproveitar" dele. É difícil obter provas de um abuso, e mais ainda de um abuso sexual. Existe uma zona cinzenta, muitas vezes chamada de "comportamentos inadequados", entre os fatos objetivos sancionáveis e uma relação consentida. Como fornecer provas de um não consentimento quando, à pressão sofrida da parte do agressor, vêm somar-se a vergonha de ter de falar da vida íntima e o medo de represálias? Os acontecimentos da atualidade demonstram diariamente: certos atos podem não ser *juridicamente* sancionáveis, mas podem parecer *moralmente* contestáveis para certas pessoas. A dificuldade toda decorre do fato de essa barreira moral não ser a mesma para todos. Onde, então, posicionar o cursor?

O contexto legislativo

Na França, existem medidas de proteção. A lei sanciona os abusos de fraqueza quando se caracterizam três pontos: a vulnerabilidade da vítima, o conhecimento dessa vulnerabilidade por parte da pessoa processada e o fato de esse ato ser gravemente prejudicial à vítima. Entretanto, como veremos, cada uma dessas características pode levar a interpretações diferentes. E, por ser difícil demonstrar que pessoas adultas, tendo dado um consentimento aparentemente livre, se encontravam em situação de vulnerabilidade, grande número das ações acaba sendo arquivado.

INTRODUÇÃO

O artigo L.223-15 do Código Penal estabelece que devem ser protegidos os menores e os maiores que se tornaram vulneráveis em virtude da idade ou de doença, assim como indivíduos em estado de sujeição psicológica. Esse último conceito, adicionado ao texto inicial com o objetivo de reforçar a luta contra os chamados grupos sectários, requer cuidado em sua definição e análise. Se é fácil entender que pessoas de idade com capacidade intelectual em declínio ou crianças de espírito crítico ainda insuficiente se deixem abusar, já não parece verossímil que adultos inteligentes e conscientes possam ser enganados por um escroque ou um manipulador, muito menos quando foram advertidas.

Embora a lei sobre o abuso de fraqueza leve em conta a sujeição psicológica, os distúrbios psíquicos dela decorrentes não são juridicamente imputáveis, salvo em casos extremos. Só a fraude, ou seja, o atentado aos bens, pode sê-lo. Na verdade, embora essas leis constituam um avanço considerável para pessoas flagradas numa relação destrutiva, tais delitos são difíceis de comprovar e também podem ser usados de maneira completamente manipulatória para desqualificar alguém, o que explica a reticência dos juízes.

A dimensão comportamental

Quando somos ludibriados, pensamos: "Como eu sou burro!", mas, se outra pessoa cai na armadilha, ficamos espantados com sua credulidade.

Numerosas investigações científicas tentaram entender os mecanismos da aceitação e da submissão. Se os primeiros estudos foram conduzidos por filósofos, mais adiante seriam realizados por pesquisadores de ciências sociais e comunicação, dizendo respeito, antes de mais nada, às vendas e ao marketing. Seu objetivo não

12 ABUSO DE FRAQUEZA E OUTRAS MANIPULAÇÕES

é proteger futuras vítimas, mas aperfeiçoar os métodos ou artimanhas destinados a convencer o consumidor a comprar determinado produto em detrimento de outro. Nessa ótica, foram detalhados os diferentes fatores que contribuem para a eficácia da manipulação: a técnica do manipulador, o contexto, o momento de baixa vigilância da pessoa visada e algumas de suas características. Entretanto, se as manipulações foram amplamente estudadas no plano comportamental, a psicologia das vítimas e os processos inconscientes que as movem raramente foram objeto de investigação psicanalítica. Acontece que a dimensão comportamental, por si só, não permite explicar que os indivíduos caiam em armadilhas, sobretudo quando sabem que o interlocutor não é digno de confiança.

Influência ou manipulação?

Quem nunca teve a sensação de ter tomado uma decisão ou agido contra a vontade, sob a influência do comportamento ou da fala de outra pessoa, guardando dessa experiência uma impressão de malestar? Será que se pode afirmar, por isso, que o outro quis necessariamente nos causar dano? A vida nos confronta com mil pequenas manipulações inofensivas que não precisam se tornar jurídicas. Por outro lado, isso banaliza os comportamentos-limite e complica a denúncia de manipulações muito mais graves.

Onde começa a influência normal e sadia e onde começa a manipulação? Qual é o limite?

Também nos acontece, conscientemente ou não, de manipular: uma comunicação nunca é completamente neutra. Pode ser pelo bem do outro (um pai que precisa dar um remédio ao filho; um professor tentando transmitir melhor o ensinamento). Também pode ser feito de maneira inofensiva, a exemplo do cônjuge que

INTRODUÇÃO 13

manipulamos para que concorde em comparecer a um evento que não lhe interessa. Nenhuma esfera da vida de relação escapa à manipulação, seja no trabalho, para conseguir ajuda de um colega, ou na amizade, quando mascaramos os fatos para transmitir uma melhor imagem de nós mesmos. Nesses casos, a manipulação não é mal-intencionada ou destrutiva, fazendo parte de uma troca normal, enquanto houver reciprocidade. Mas, quando ocorre uma tomada de poder de um sobre o outro, ela se torna abusiva.

As vítimas do abuso de fraqueza

Como é lógico, raramente são aqueles que abusam que vêm consultar, pois consideram que seu comportamento não representa problema algum. Em compensação, os psiquiatras às vezes recebem vítimas de manipulações que tentam se desvincular de uma situação abusiva, "livrar-se" de uma dominação, mas quase sempre reagem tarde demais, quando se conscientizam de que foram enganadas e lesadas. Também acontece de serem as famílias a tomar a frente: "Nossa filha/irmã está submetida a uma dominação, não a reconhecemos mais. Como ajudá-la? O que podemos fazer?"

PESSOAS IDOSAS

Entre os indivíduos visados, em que momento se pode falar da vulnerabilidade de uma pessoa idosa? Salvo um acidente vascular cerebral, o resvalar para a perda de autonomia ocorre de forma progressiva, pois ninguém se torna senil da noite para o dia. Alguém pode se aproveitar do enfraquecimento da pessoa idosa para exercer sobre ela uma dominação afetiva que venha a se traduzir em manifestações de gratidão e generosidade. O manipulador afirmará, então, que a doação ou os bens herdados eram totalmente voluntários, não havendo aí nenhuma forma de abuso.

Veremos que, ao contrário do que pode parecer, num abuso de fraqueza, o que está em jogo inconscientemente não é apenas o dinheiro, mas muito mais o amor, pois, por trás de um recebimento de herança existe também uma forma de fraude afetiva. Prevalecendo-se de um problema de relacionamento entre um pai ou uma mãe e um membro de sua família, um terceiro se empenhará em afastar uma pessoa vulnerável dos familiares legítimos, apresentando-se como família substituta ideal e, por isso, merecendo um lugar no testamento. No caso de uma rivalidade entre irmãos e irmãs, um deles tentará impor-se junto ao pai ou à mãe, em detrimento dos outros herdeiros.

CRIANÇAS

A infância é um tempo de construção da personalidade e também de dependência afetiva, intelectual e psicológica, o que torna os menores extremamente vulneráveis à manipulação.

Os mais jovens, que deveriam ficar isentos de toda influência negativa, pelo menos no seio da família, são às vezes manipulados exatamente por aquelas pessoas que deveriam protegê-los. Muitas vezes acontece que, num contexto de separação conflituosa, um pai ou uma mãe manipula inconscientemente um filho para levá-lo a rejeitar o outro genitor. Num processo de alienação parental, os filhos são as primeiras vítimas: não só o conflito afeta consideravelmente seu futuro psíquico, como eles também se tornam cúmplices da eliminação do genitor rejeitado, da qual participaram ativamente.

É importante identificar cedo esse resvalar do *normal* numa situação conflituosa (dificuldade de encontrar o lugar de pai ou mãe) para o *patológico* (instrumentalização da criança, levando-a a rejeitar

INTRODUÇÃO   15

o outro genitor), pois essa ruptura de vínculo representa um abuso emocional grave para a criança.

A alienação parental constitui um abuso de fraqueza porque uma criança, essencialmente vulnerável, não tem suficiente maturidade para se libertar de tal conflito. Da mesma forma, um adolescente em busca de autonomia e liberdade, mas que ainda não desenvolveu suficiente espírito crítico, pode se deixar seduzir por um discurso de transgressão ou de arregimentação por parte de um colega manipulador ou de um guru de seita. Como distinguir a crise normal de um adolescente de uma situação de menor em perigo?

MAIORES DE IDADE

Se todo mundo pode ser manipulado, certas pessoas apresentam maior risco que outras de se deixarem levar além dos próprios limites. Tentaremos analisar o que constitui a vulnerabilidade psicológica das vítimas (por que o seu psiquismo veio a se submeter ao de um sedutor empenhado em abusar delas). Veremos de que maneira certas pessoas precisam de uma crença para dar sentido à vida, enquanto outras necessitam de algum estímulo para arrancá-las do tédio ou da depressão.

No fenômeno da dominação, o que chama a atenção é a invasão do psiquismo de um indivíduo pelo de outro, levando a pessoa manipulada a decisões ou atos que lhe são prejudiciais. É verdade que todo estado amoroso se caracteriza pela invasão dos pensamentos por outra pessoa, mas a relação deve ser recíproca, e de modo algum malévola. Numa relação abusiva, pelo contrário, a invasão é imposta por pressões psicológicas que só cessam quando o indivíduo visado acaba cedendo. Falsear a percepção da realidade de um indivíduo por meio de uma relação de poder, sedução ou sugestão não seria a própria definição da sujeição psicológica?

16 ABUSO DE FRAQUEZA E OUTRAS MANIPULAÇÕES

Quem são aqueles que cometem abusos?

A questão é essencial: quem são os escroques e manipuladores que tão bem sabem se prevalecer das fraquezas de seus concidadãos? De onde vem sua capacidade de identificar os desejos ou fragilidades inconscientes do outro para se aproveitar? O que leva uma empregada-modelo a se tornar indispensável a uma pessoa sozinha a ponto de ganhar presentes de alto valor? Como faz um sedutor para encontrar na internet jovens em busca de amor para, em seguida, abusar delas moralmente? Como fazem para serem aceitos e não desmascarados desde logo?

Para ilustrar essa evolução de uma manipulação inofensiva para um abuso, optei por relatar histórias de manipulações extremas ou que tenham afetado pessoas famosas. Se as histórias de vigarices "do século", de pequenas ou grandes manipulações, nos fascinam tanto é porque secretamente admiramos a audácia dos manipuladores que têm a sorte de não ser como nós, bloqueados por inibições, angústias ou sentimentos de culpa, e desse modo realizam as fantasias comuns de poder absoluto, constituindo um tema excitante para romancistas e cineastas. É espantosa a maneira como um indivíduo consegue, exclusivamente por meio de seus encantos pessoais, fazer com que outro aja por procuração, e como a vítima, por sua vez, acaba aceitando essa dependência e até mesmo buscando-a.

O noticiário às vezes focaliza a atenção em grandes mitômanos, como Jean-Claude Romand ou Noa/Salomé, grandes impostores, como Christophe Rocancourt, ou vigaristas, como Bernard Madoff. De certa maneira, nós os vemos como extraterrestres distantes do nosso cotidiano, mas tomamos conhecimento adiante de quais manipulações estão à nossa espreita a todo momento na vida cotidiana ou do outro lado da tela do computador.

INTRODUÇÃO 17

Entre os mitômanos que lesam apenas o amor-próprio de vítimas incrédulas, os escroques que lhes tomam dinheiro e os perversos narcísicos que atacam a integridade psíquica de uma pessoa, existe toda uma gama de impostores. Eles apresentam uma base comum: todos mentem, mas as mentiras dos mitômanos são mais bem-construídas; todos sabem se apresentar como vítimas, mas essa tendência chega a uma culminância naqueles que fingem doenças; todos trapaceiam, mas os usurpadores de identidade inventam para si mesmos uma nova biografia; todos enganam os outros, mas os escroques roubam somas mais elevadas. Quanto aos perversos narcísicos, que são os mais hábeis, têm êxito em praticamente todas essas frentes, sem serem desmascarados.

Evitando confusões

Mas cuidado com os excessos. Com muita facilidade se fala de manipulação. A partir do momento em que alguém se vê em situação de fraqueza, tende a chamar o cônjuge, o patrão ou um genitor de "manipulador", "perverso". É bem verdade que devemos incluir na categoria dos bons manipuladores os perversos, e particularmente os perversos narcísicos, mas o que deve ser reprovado ou sancionado é um comportamento, e não um indivíduo. Trataremos, portanto, de esclarecer esses conceitos, para não avaliar diagnósticos que às vezes podem ficar parecendo acusações.

Mais uma vez, é preciso tomar muito cuidado ao denunciar as derrapagens dos manipuladores que jogam no limite e com os limites. Uma vítima que se sinta tentada a mover ação judicial enfrentará a dificuldade de apresentar provas, e se a ação for considerada improcedente, correrá o risco de ser condenada por calúnia. E não é muito mais fácil falar a respeito, mesmo que apenas para

18 ABUSO DE FRAQUEZA E OUTRAS MANIPULAÇÕES

questionar determinado comportamento, pois esses habilidosos estrategistas, se contarem com uma sólida conta bancária e bons advogados, saberão devolver, movendo ações por difamação ou atentado à vida privada. Como veremos a propósito de um caso de defraudação sentimental ou de várias histórias de assédio sexual, o processo acaba sendo abafado. Na melhor das hipóteses, o silêncio da vítima será comprado por uma indenização financeira. A justiça só pode decidir a partir do concreto, de fatos, provas, o que gera às vezes um sentimento de injustiça.

Generalização dos abusos

Essas situações seriam novas? Certamente que não, e no entanto os pequenos atos de manipulação e trapaça se multiplicaram. Como veremos no fim do livro, as perversões morais tornaram-se banais, transformando-se em novas normas. Os critérios comuns que caracterizam os perversos morais também são os do *Homo Economicus*, aquele que melhor sabe se virar em nossa sociedade narcisista da imagem e da aparência. Para ter êxito, é preciso saber seduzir, influenciar, manipular e avançar sem muitos escrúpulos.

Numa época em que todo mundo blefa e na qual os métodos de condicionamento se tornam cada vez mais sutis, como sobreviver? Só há uma solução: adaptar-se.

A sociedade moderna transformou os indivíduos. Em nossos divãs, na verdade, vamos encontrar cada vez mais raramente neuróticos, ao passo que o número de patologias narcísicas não para de aumentar. Vale dizer: de deprimidos, psicossomáticos, pessoas dependentes (do álcool, de drogas, de medicamentos, de alimentos, da internet, do sexo etc.) ou de indivíduos com funcionamentos perversos.

INTRODUÇÃO

O indivíduo moderno tornou-se vulnerável e procura desesperadamente aumentar sua autoestima. Como se julga livre, tornou-se eminentemente influenciável, privado do senso dos limites. Há os que aproveitam para tentar ir o mais longe possível, provocando em reação uma profusão de textos legislativos. Em outras épocas, a sociedade estabelecia proibições, mas agora tudo que não é estritamente punido juridicamente parece possível. Acontece que, numa situação de abuso de fraqueza, é difícil traçar limites entre um funcionamento legítimo e um comportamento abusivo, pois existe entre os dois uma zona imprecisa que ninguém poderia com certeza qualificar como violência.

A questão dos limites remete a temas polêmicos: os observadores externos tomam posição de maneira partidária ou mesmo caricatural, dão opiniões categóricas nos blogs, reativam estereótipos (por exemplo, mulheres contra homens, pais contra mães e vice-versa). Como nessas situações a agressão não é evidente, podem surgir acusações cruzadas: um indivíduo que pratica o assédio sexual pode se dizer vítima de uma queixa abusiva, um genitor alienante volta a acusação contra o outro genitor etc.

A lei sobre o abuso de fraqueza, assim como as leis sobre o assédio sexual no trabalho e a violência psicológica na vida de casal, visa delitos difíceis de definir, mas ainda assim é valiosa. Pode-se, é verdade, lamentar a multiplicação de textos destinados a proteger cada vez mais os indivíduos e considerar exageradas as tentativas de codificar condutas ou impor normas coletivas na esfera privada, mas o fato é que isso representa uma esperança para pessoas que foram manipuladas e exigem reparação.

Por que foi então que decidi escrever sobre os abusos de confiança e insistir na questão das manipulações?

20 ABUSO DE FRAQUEZA E OUTRAS MANIPULAÇÕES

Ao escrever meu primeiro livro, *Assédio moral: A violência perversa no cotidiano*,[1] dei-me conta, inicialmente no âmbito dos meus pacientes, de uma banalização dos abusos e manipulações. Verificou-se posteriormente que minhas intuições estavam certas. Constatamos já agora muito menos autoritarismo ou violência direta e muito mais ataques perversos e assédio moral. Em toda parte a violência tornou-se eufemística.

Num trabalho posterior, voltei-me também para a solidão. Verificou-se que, num mundo de excesso de informações, podemos perder todo espírito crítico e toda sensibilidade para o outro. Também aprofundei minhas investigações sobre as mutações de nossa época, e por vezes cheguei a abrir portas.

No mundo do trabalho, comprovou-se que, por trás dos comportamentos individuais de assédio moral, é possível esconder uma gestão perversa, induzindo derrapagens dos indivíduos. O tribunal de segunda instância soube identificá-lo, punindo modos de gestão que constituem uma forma de assédio moral.

Hoje, a violência conjugal é melhor enquadrada juridicamente, embora se tenha tornado mais sutil. Entretanto, nada é capaz de deter a necessidade de certos indivíduos de dominar, humilhar ou usar os outros, e, como veremos, são cada vez mais numerosos os casos de fraude sentimental.

Sigo, portanto, avançando passo a passo na compreensão das pessoas e, indiretamente, na compreensão do nosso mundo.

Este livro não tem a pretensão de enunciar uma norma, e sim de levar à reflexão, fazendo-nos questionar os limites do que cada um pode aceitar. Pretende-se contribuir para o discernimento em situações de abuso de fraqueza para as vítimas, as testemunhas e também os profissionais.

---

[1] Publicado pela Bertrand Brasil em 2000.

CAPÍTULO I

ABUSO DE FRAQUEZA
E MANIPULAÇÃO

A palavra "abuso" vem do latim *abusus*, "mau uso". Refere-se ao uso excessivo ou injusto de alguma coisa. Por extensão, "abusar" significa não só desrespeitar certos direitos, aproveitar-se com exagero de uma situação ou de uma pessoa, mas também enganar valendo-se da confiança da pessoa envolvida ou possuir uma mulher que não esteja em condições de recusar.

Passamos, assim, de uma situação "normal", apesar de excessiva, a atos contestáveis ou prejudiciais a alguém. É essa evolução que vamos investigar, tentando identificar o momento em que um comportamento abusivo transforma-se numa violação do direito.

1. DO CONSENTIMENTO E DA LIBERDADE

A análise da infração constituída pelo abuso de fraqueza vai além do ponto de vista estritamente jurídico: estão envolvidas também a moral e a psicologia, convidando-nos a refletir sobre os conceitos de consentimento e submissão, liberdade e dignidade.

Consentimento

O consentimento expressa a autonomia de pensamento de um adulto responsável, ou seja, sua capacidade de decidir por si mesmo e agir de acordo com sua reflexão.

Por trás de sua aparente simplicidade, a palavra "consentimento" é pura sutileza: o consentimento pode ser explícito, seja escrito ou expresso verbalmente na presença de testemunha ("Aceita como cônjuge...?"); pode ser implícito, tácito, sugerido ou interpretado, como no provérbio "Quem cala consente"; e também pode ser imposto, como em certos casamentos arranjados, ou influenciado pela mentira, sugestão e até intimidação. Também acontece de ser forçado pela violência ou ameaça, e por sinal a maioria dos acusados de abuso sexual declara, em sua defesa: "Ele (ela) consentiu." Quando uma pessoa "permite", somos tentados a acreditar que ela consente com o que foi proposto, mas será que é tão certo assim? Aí está toda a dificuldade, para um juiz, de avaliar o valor de um "sim" ou de um "não".

Consentimento livre e esclarecido

Como se costuma exigir em questões médicas, o consentimento deve ser livre e esclarecido: livre porque sem constrangimento de espécie alguma, físico ou psicológico, e esclarecido porque em pleno conhecimento de causa. O indivíduo deve saber com o que está consentindo e avaliar as consequências ou riscos daí decorrentes. Isto implica um ato refletido e intencional, e portanto distinto de uma paixão ou de um desejo efêmero. Desse modo, a lei impõe um prazo de reflexão no caso de atos importantes, como o casamento, o divórcio ou a interrupção voluntária da gravidez. O objetivo

ABUSO DE FRAQUEZA E MANIPULAÇÃO

é evitar que um homem (ou uma mulher) submetido a uma súbita emoção tome uma decisão que venha a lamentar.

Um debate filosófico

Esse debate filosófico não é novo, mas certos acontecimentos recentes chamaram a atenção para essa questão, mostrando o quanto o conceito de consentimento é de difícil delimitação.

O consentimento de um sujeito basta para justificar seu ato? Permite distinguir o que é lícito e ilícito? Ou será que em certos casos a justiça e o Estado deveriam definir, no lugar do indivíduo, o que é bom para ele e tratar de impô-lo, mesmo sem seu consentimento? Temos aí um debate filosófico contemporâneo que opõe, de um lado, os juristas, como Marcela Jacub,[1] que dão prioridade à liberdade individual e à autonomia dos indivíduos, e, do outro, filósofos, como Michela Marzano,[2] para os quais o consentimento com atos que representam uma ameaça para a dignidade humana de modo algum pode servir de justificação.

Os filósofos sempre debateram os limites a serem estabelecidos para a liberdade de um indivíduo. O homem poderia, por exemplo, consentir com a própria escravidão? Segundo J.S. Mill: "Não é liberdade ter permissão para alienar a própria liberdade."[3]

Para Marcela Jacub, um indivíduo maior de idade é livre e tem o direito de exigir que seja respeitada sua autonomia. Pode, portanto,

---

[1] Jacub, Marcela, *Le crime était presque sexuel et autres essais de casuistique juridique*, Paris, Flammarion, 2003.

[2] Marzano, Michela, *Je consens, donc je suis... Éthique de l'autonomie*, Paris, PUF, 2006.

[3] Mill, J.S., *De la liberté*, 1859, Paris, Presses Pocket, 1990.

24 ABUSO DE FRAQUEZA E OUTRAS MANIPULAÇÕES

escolher suas práticas sexuais, desperdiçar seu dinheiro como bem entender, pôr a própria vida em risco ou optar pela eutanásia. Não há o que contestar a partir do momento em que ele manifestou sua concordância, e essas práticas não causam dano a ninguém. Segundo a jurista, o consentimento implica, antes de mais nada, o conceito de liberdade individual e na proteção da autonomia do sujeito. A partir daí, todo ato é legítimo, se for efetuado sob "contrato". "Cada qual deve ser capaz de determinar por si mesmo o que é bom para ele. E, portanto, ninguém tem o direito de intervir em suas escolhas ou decisões enquanto elas não interferirem nas escolhas ou decisões dos outros."

Marzano, por sua vez, pergunta-se se o consentimento dos indivíduos é sempre sinal de uma verdadeira concordância e expressão da autonomia pessoal. Em algumas questões como a prostituição ou a eutanásia, ela lastima que os defensores do consentimento não se questionem sobre as pressões sociais, culturais, econômicas e psicológicas que influenciam consideravelmente a escolha individual. A filósofa Geneviève Fraisse distingue, assim, dois tipos de consentimento: um, máximo, representando uma adesão a uma situação proposta, e o outro, mínimo, correspondendo a uma aceitação e mesmo a uma submissão.[1] Voltaremos a tratar dessa questão a propósito do assédio sexual.

O conceito de liberdade se choca por vezes com o de dignidade da pessoa. Para Kant, a dignidade resulta sempre da capacidade do homem de raciocinar e querer. Em 1963, H.L. Hart escrevia: "Prejudicar alguém é algo que se deve continuar prevenindo através da lei penal, mesmo quando as vítimas consentem ou participam

---

[1] Fraisse, G., *Du consentement*, Paris, Le Seuil, 2007.

ABUSO DE FRAQUEZA E MANIPULAÇÃO

dos atos a elas prejudiciais."[1] Segundo Marzano, uma sociedade justa é sempre aquela que protege os mais fracos, na qual o Estado intervém para delimitar a força dos opressores.

Como estabelecer o limite entre agir bem e agir com excesso na proteção das pessoas, respeitando sua liberdade, mas sem resvalar para a infantilização ou o paternalismo? Se a tomada de posição se justifica por questões relativas ao bem-estar, ao bem, à felicidade ou às necessidades do indivíduo, também pode ser interpretada como uma maneira de tomar o poder sobre ele, declarando o outro incompetente.

No caso de uma pessoa idosa cujas faculdades cognitivas estejam em declínio e que enfrente quedas de lucidez cada vez mais frequentes, deveríamos considerar que ela é livre em suas escolhas ou seria o caso de tomar decisões em seu lugar? Qual é o meio-termo? Suponhamos que um homem idoso se case com uma mulher desconhecida com idade para ser sua neta: compreensivelmente, a família se preocupa. Mas também podemos seguir a tendência atual da sociedade, exigindo mais autonomia individual e respondendo: "Seu pai é livre para levar a vida como quiser e gastar como bem entender seu dinheiro!" Analisaremos mais detalhadamente a situação das pessoas idosas no capítulo seguinte.

Estabelecer o valor de um consentimento é ainda mais delicado quando a pessoa não apresenta fragilidade aparente e está apenas "influenciada". Os parentes, então, se sentem isolados, impotentes. Quando pedem ajuda à justiça, têm dificuldade de se fazer ouvir.

---

[1] Hart, H.L., *Law, Liberty and Morality*, Nova York, Vintage Book, 1963. Citado por Michela Marzano.

26 ABUSO DE FRAQUEZA E OUTRAS MANIPULAÇÕES

A distância, sua luta parece anedótica: "É perfeitamente normal, os filhos acabam deixando os pais, sobretudo quando são possessivos", responde-se a pais e mães com os quais os filhos romperam os vínculos.

O filho de Jeanne é membro de uma seita há quase dez anos. Sua última troca de correspondência ocorreu há vários anos, quando o grupo enfrentava dificuldades financeiras e o guru pediu aos adeptos que conseguissem dinheiro com as famílias. Como ela se recusou, ele rompeu todo contato. Desde então, quando escreve ao filho, quem responde é um advogado, acusando-a de hostilidade. As famílias dos adeptos se uniram, e depois de vários anos de dúvida Jeanne resolveu mover uma ação por abuso de fraqueza: "Estou farta de ouvir pessoas que não conhecem essa situação dizendo que meu filho é adulto e portanto livre para fazer o que quiser e se relacionar com quem bem entender. Não estou preocupada em 'ter o meu filho de volta', quero apenas que ele tenha liberdade de se relacionar com quem quiser."

O consentimento basta?

Quando falamos de consentimento esclarecido, é preciso certificar-se de que a pessoa dispõe de todos os elementos necessários para escolher. Como fica, então, um consentimento obtido pela ameaça, a manipulação ou a chantagem? Que valor tem o consentimento de uma pessoa em posição de fraqueza ou influenciada?

No plano jurídico, falamos nesses casos de vício de consentimento. "Não pode haver consentimento válido se ele foi dado

ABUSO DE FRAQUEZA E MANIPULAÇÃO 27

apenas por erro, ou se foi extorquido por violência ou arrancado por dolo." É o princípio enunciado pelo artigo 1109 do Código Civil. Considera-se, assim, que a vítima não decidiu a própria sorte, e que, embora tenha aceitado a argumentação do manipulador, nem por isso estava em condições de escolher as consequências. Entretanto, não é fácil demonstrar um vício de consentimento, e os diferentes tribunais de justiça nem sempre os reconhecem:

A sra. C. apresentou queixa por agressões sexuais e estupro contra o diretor de um centro comunitário, M.P., aposentado da SNCF, de 60 anos, quando ela trabalhava como coordenadora e tinha entre 17 e 19 anos.

Como a denúncia, após investigação, foi considerada improcedente, a Câmara de Instrução de Metz se insurgiu contra a primeira decisão e determinou, contrariando as instruções do procurador-geral, a incriminação de M.P. no tribunal de justiça de Moselle.

O arrazoado da decisão de improcedência se estendeu na questão do consentimento da vítima. Os magistrados consideraram que "a grande diferença de idade entre os dois, sua diferença de personalidade e de experiência de vida, uma situação que poderia indicar dependência econômica e profissional da sra. C. em relação a M.P., tudo isso podendo gerar uma total dominação psicológica sobre a sra. C., que estaria então submetida a constrangimento moral muito forte, por se encontrar numa situação de fragilidade e fraqueza diante de M.P., indicam que podem ser reunidas acusações suficientes que privariam as relações sexuais materialmente estabelecidas que se verificaram entre a sra. C. e M.P. do real

28 ABUSO DE FRAQUEZA E OUTRAS MANIPULAÇÕES

e livre consentimento da jovem, permitindo portanto aceitar a qualificação criminal de estupro."

Eles prosseguem: "A ausência de oposição, de resistência ou de rebelião frente a manobras atrevidas não significa necessariamente uma adesão livremente consentida a relações sexuais: aceitar livremente não é ceder e se submeter."[1]

Isso parecia perfeitamente claro, mas o tribunal de recursos não concordou.

Como veremos em outro capítulo, a agressão sexual é definida por uma ausência ou um vício de consentimento, pois a violência, o constrangimento, a ameaça e a surpresa são um entrave a liberdade e impedem o exercício da vontade, do consentimento.

Isso está em ressonância com o lugar ocupado pelo consentimento nos debates contemporâneos sobre a sexualidade. Depois do pedido de extradição de Julian Assange, fundador de WikiLeaks, acusado de agressão sexual e estupro pela justiça sueca, a polêmica se espalhou pelos meios de comunicação. "Agressão ou não? Existe uma 'zona cinzenta' na qual é difícil saber se se trata de uma agressão sexual ou de uma experiência sexual ruim?"[2] Nesse caso, Julian Assange foi acusado por duas jovens de ter feito amor com elas sem preservativo. Nos dois casos, ele negou qualquer agressão, dizendo que a relação era consentida desde o início. A partir de então,

---

[1] Segundo comunicado da AVFT (Associação Europeia contra a Violência às Mulheres no Trabalho), 18 de janeiro de 2010.

[2] Truc, O., *Le Monde*, terça-feira, 8 de fevereiro de 2011.

o debate foi aberto nos blogs. Eis, por exemplo, os argumentos de uma mulher, a blogueira Johanna Koljonen: "Um não é um não em qualquer lugar, mas o interessante são as situações em que gostaríamos de dizer não, mas acabamos permitindo, por estarmos apaixonadas, por timidez, por gratidão, por estarmos bêbadas ou cansadas demais para discutir." E os de um homem, Göran Rudling, testemunha de Assange: "Um homem não pode entender um não que não chegou a ser dito."

O que dizer do consentimento dos dominados? "Os dominados se submetem porque reconhecem a legitimidade da dominação, porque sabem que seu interesse está numa submissão prudente ou porque são submetidos à força?"[1] Em seu livro *Du consentement*,[2] Geneviève Fraisse lembra que em 2000 foram assinados em Palermo a *Convenção das Nações Unidas contra a criminalidade transnacional organizada* e seu *Protocolo visando prevenir, reprimir e punir o tráfico de pessoas, especialmente mulheres e crianças*. Os textos afirmam que, em caso de tráfico, o consentimento de uma pessoa é "*irrelevante*". Em termos práticos, isso significa que a justiça não leva em conta o consentimento de uma mulher a se prostituir se ela estiver submetida a uma rede de tráfico.

Autoras feministas analisaram mais detalhadamente a "alienação feminina". Num artigo intitulado "Quando ceder não é consentir",[3] a antropóloga Nicole-Claude Mathieu conta a história

---

[1] Coste, F.; Costey, P.; Tangy, L., "Consentir: domination, consentement et déni", *Tracés. Revue de sciences humaines* (on-line), 14 2008, 26 de janeiro de 2009.

[2] Fraisse, G., *Du consentement*, op. cit.

[3] Mathieu, N.-C., *L'Arraisonnement des sexes*, Éd. EHESS, 1985.

30 ABUSO DE FRAQUEZA E OUTRAS MANIPULAÇÕES

da sra. Duclos, toda noite trancada num baú pelo marido, muito ciumento. Durante o julgamento, em 1982, a vítima garantiu que há dois anos dormia por vontade própria nesse baú, sem que o marido a tivesse ameaçado ou espancado: "Concordando com isso, eu provo ao meu marido que não saio à noite", esclareceu ela.

Diante de parceiros com personalidades paranoicas, de fato pode ser melhor manter um perfil baixo e até antecipar-se aos seus desejos, como será demonstrado mais adiante.

A vítima que consente

O que é uma vítima que consente? Será uma pessoa dominada ou alguém empenhado numa estratégia de sobrevivência? A aparente submissão das mulheres ao cônjuge violento não deve ser considerada apenas um sintoma: é também uma estratégia de adaptação e sobrevivência.[1] Existem sujeições táticas com o objetivo de garantir a sobrevivência:

Natascha Kampusch foi raptada em março de 1998, aos 10 anos de idade, quando ia para a escola. Viveu isolada num porão durante oito anos e meio, submetida a violências físicas e psicológicas por Wolfgang Priklopil. Conseguiu fugir em 23 de agosto de 2006.

Depois de ser libertada, a jovem mostrou-se comedida em suas declarações sobre o sequestrador. Estaria a explicação disso na síndrome de Estocolmo?

---

[1] Hirigoyen, M.-F., *Femmes sous emprises*, Oh! Éditions, 2005.

ABUSO DE FRAQUEZA E MANIPULAÇÃO

No livro que publicou em 2010, ela declara que sempre soube quando era melhor ceder ao raptor "doente" e quando, pelo contrário, podia oferecer-lhe resistência. "Com seus métodos, o sequestrador me mantinha em estado de fraqueza e me transformava numa prisioneira ao mesmo tempo dependente e grata [pela pouca alimentação que lhe dava]."[1]

Quando falamos de consentimento livre, não se trata apenas da liberdade decorrente da ausência de qualquer pressão externa, mas também da que corresponde ao pleno domínio de si e dos próprios sentimentos. Será que somos sempre racionais nas escolhas que fazemos, bem-informados sobre seu alcance, isentos de toda pressão? Sejamos claros: uma decisão nunca é tomada em perfeito conhecimento de causa. Somos condicionados por nossa história, influenciados por nossas emoções e por elementos ligados à situação em si. Também conta tudo aquilo que diz respeito à nossa história pessoal, fazendo com que nosso inconsciente nos leve às vezes a decisões contrárias ao nosso interesse consciente. Ao se avaliar um ato ou uma decisão, muitos detalhes do contexto são desconhecidos. Acontece que um juiz não se pronuncia sobre o significado que o consentimento do ato pode ter, mas apenas sobre seu caráter lícito ou ilícito.

---

[1] Kampusch, N., 3096 jours, Lattès, 2010.

Doação

No terreno jurídico, o abuso de fraqueza está relacionado ao valor das doações, em comparação com a capacidade financeira da vítima.

Em caso de disposições testamentárias duvidosas (por exemplo, uma pessoa favorecendo um estrangeiro em detrimento da família) ou de liberalidades financeiras, nem sempre é fácil chegar a uma decisão. A pessoa idosa pode ter entrado em conflito com um ramo da família ou se afeiçoado a um terceiro de que se sentia próxima. Mas nem por isso se trata necessariamente de uma patologia. Não é porque uma pessoa começa a sofrer do mal de Alzheimer e presenteia aqueles que cuidam dela que se deve concluir que está sendo vítima de abuso de fraqueza. Sobretudo no início da patologia, os distúrbios flutuam no tempo, podendo acarretar deficiências de memória, mas não de discernimento.

Quando a generosidade parece excessiva, como determinar que esses "presentes" não decorrem de um ato livremente consentido? Como avaliar o grau de vulnerabilidade do sujeito? Como saber se essa eventual fragilidade o levou a decisões que não teria tomado em estado normal?

Em sua maioria, as pessoas idosas administram seu dinheiro de maneira responsável; guardam o suficiente para viver bem, ao mesmo tempo que ajudam os filhos e netos a se organizarem na vida. Outras preferem juntar dinheiro e bens materiais enquanto estiverem vivas, ou então optam por doar a associações, organizações humanitárias. Outras finalmente — com plena liberdade para tal — resolvem gastar tudo. Um magistrado só pode manifestar-se e julgar no âmbito do direito, não cabendo a ele apreciar a moralidade de um indivíduo.

ABUSO DE FRAQUEZA E MANIPULAÇÃO

Uma doação também pode ser uma armadilha para deixar o outro em dívida. É por isso que comerciantes ou gurus de seitas dão pequenos presentes para conseguir, em contrapartida, uma encomenda ou algum ato desejado. Quando alguém faz algo por nós, ficamos com um sentimento de gratidão ou dívida. Em seu *Essai sur le don*,[1] Marcel Mauss, sem negar que uma doação implique quase sempre uma vontade ou uma liberdade, chamava a atenção para o caráter obrigatório de toda doação, conferindo-lhe assim a condição de fato social. Certos manipuladores sabem jogar com isso, dando um jeito de manter com o outro uma relação de dependência. A regra social implícita é a seguinte: uma pessoa que dá a outra espera receber algo em troca; assim, podemos deliberadamente dar a alguém com a intenção de vir posteriormente a solicitar um serviço.

Quando um cuidador ou parente cuidou bem de uma pessoa idosa ou deu essa impressão, o idoso pode sentir-se em dívida e fazer uma doação ou transmitir um legado que pode parecer desproporcional em relação ao serviço prestado. Para evitar litígio, as associações recomendam aos profissionais que prestam serviço a pessoas idosas que nunca aceitem presentes de valor muito alto.

O valor de uma doação está relacionado à quantidade de dinheiro que permite adquirir, mas também é um valor de troca na própria relação. O valor dos presentes recebidos não pode ser estabelecido, pois está relacionado ao que há de afetivo entre os dois protagonistas. Ainda que a troca, vista de fora, pareça profundamente desigual, quem pode julgar o que realmente acontece entre os dois? Qual

---

[1] Mauss, M., *Essai sur le don. Forme et raison de l'échange dans les sociétés archaïques*, 1925, PUF, 2007.

34 ABUSO DE FRAQUEZA E OUTRAS MANIPULAÇÕES

o preço do amor ou da amizade? Diante de uma pessoa idosa que dá dinheiro a alguém que não seja um filho, a pergunta é imediata: "Em troca de quê?" Com efeito, certas pessoas de idade ou deficientes compram claramente um vínculo, transformando a relação em transação econômica, mas onde começa o abuso? Se uma avó se mostra particularmente generosa com os netos, será unicamente por amor? Não seria também um pedido de mais atenção?

Suponhamos que um homem de idade dilapide seu dinheiro com mulheres jovens que se aproveitam dele e não o respeitam. O que responder se ele afirmar "Estou fazendo isso porque tenho vontade"? Os filhos ficam chocados, preocupados com ele, temendo que acabe sem nada, e não se eximem de dizê-lo. Ele argumenta que tem o direito de ser perdulário, que tem essa liberdade. Para ele, é como dar uma banana para a geração seguinte. E poderia acrescentar: "Deixem-me em paz, estou no fim da vida, tenho o direito de exorcizar como bem quiser meu medo da morte."

A situação mais difícil é aquela em que uma pessoa se diz na posse de todos os seus meios e, portanto, livre para dar seu dinheiro a quem quiser, embora pareça influenciada por um parente. Qual dos dois então estará cometendo abuso: aquele que "se aproveita" ou aquele que "denuncia"?

Uma denúncia por abuso de fraqueza foi apresentada pela ex-mulher de Jean-Paul Belmondo, 67 anos, contra sua atual companheira, Barbara Gandolfi, 33 anos, ex-modelo da *Playboy*.

Tudo começou com uma investigação do tribunal de Bruges, interessado numa movimentação financeira suspeita nas contas das empresas do ex-marido da jovem, Frédéric

ABUSO DE FRAQUEZA E MANIPULAÇÃO

Vanderwilt. Ela era suspeita de ter usado Jean-Paul Belmondo num contexto de possível sonegação fiscal, mas também de se prostituir. No ano seguinte, os investigadores se voltaram para um empréstimo de 200 mil euros que o ator lhe teria feito e para a compra, por 700 mil euros, de sua casa, que também pertencia ao ex-marido.

Nas escutas telefônicas realizadas pela polícia, ouvia-se Barbara Gandolfi dizer a Frédéric Vanderwilt: "Quanto vamos conseguir com um Belmondo por ano?" Também havia indícios de que ela mentira para ele: "Não, Jean-Paul nem desconfia que eu não estou em Dubai."

Prestando depoimento como testemunha em Paris a pedido da justiça belga, Jean-Paul Belmondo ouviu essas gravações telefônicas. Queria apresentar queixa contra sua companheira, mas, depois de conversar com ela, acabou se voltando contra os investigadores, chegando até a pensar em processar a polícia. Seu advogado transmitiu um comunicado aos jornalistas: "Eu estou bem. Na plena posse das minhas faculdades. (...) Peço que respeitem minha vida privada."

O que incomoda nesse caso é que Barbara Gandolfi continua vivendo com o ex-marido e duas outras mulheres. Falando a jornalistas do *Journal du Dimanche* que foram entrevistá-la em Ostende, ela esclarece: "O que há entre mim e Belmondo é uma relação não convencional, cada um de nós tem sua vida. Gosto muito dele, mas não é amor." E Frédéric Vanderwilt se defende: "Como não podem me pegar no terreno jurídico, os policiais tentam acabar comigo atacando minha vida privada. (...) O que eu faço é sonegação fiscal, e na Bélgica isso não é delito." A jovem acrescenta:

"O que incomoda é o estilo de vida de Frédéric; a mansão, os belos automóveis e, sobretudo, o fato de viver aqui com três mulheres."

Será que esse estilo de vida é objeto de preconceito para alguém mais, além da administração fiscal belga?

Natty, a ex-mulher do ator e mãe de sua filha de 6 anos, enxerga no episódio um caso de abuso de fraqueza e considera que "os parentes têm obrigação de interferir". É possível, de fato, considerar que Jean-Paul Belmondo tornou-se vulnerável desde seu acidente vascular cerebral em 2001. Mas ele lutou para se recuperar, para voltar a caminhar e falar quase normalmente, e não hesitou em se mostrar nesse estado de fragilidade num filme de Francis Huster.[1] Finalmente, no Festival de Cannes de 2011, ele apareceu em plena posse de suas faculdades intelectuais.

O que, então, pode-se dizer, se o fato de gastar seu dinheiro com essa mulher lhe permite estar bem e seguir em frente?

As motivações de sua ex-mulher seriam tão claras? "Embora sempre tenha considerado Natty uma boa mãe, constato que ela nunca aceitou a presença de Barbara ao meu lado", declara Jean-Paul Belmondo.

Confiança

A confiança é o que leva alguém a se entregar a outra pessoa numa situação específica ou para todos os atos da vida cotidiana.

---

[1] Un homme et son chien. Filme de Francis Huster, com Jean-Paul Belmondo, Hafsia Herzi e Julika Jenkins.

ABUSO DE FRAQUEZA E MANIPULAÇÃO

Isso acarreta uma relação assimétrica aceita, como a que existe entre pai e filho.

Sylvie conheceu Xavier quando tinha 19 anos, e os dois ficaram casados por vinte anos. Ao descobrir que o marido a engana, ou, mais exatamente, sempre a enganou, ela decidiu pedir o divórcio. Mas isso não foi tudo. Ele também mentiu sobre sua situação profissional, sobre o dinheiro que sacava nas contas conjuntas e até sobre sua família:

"Durante 17 anos eu estava bem nessa relação, sem saber de nada sobre sua vida dupla. Não percebi sequer que ele só fazia o que queria e deixava para mim todas as tarefas pesadas. Naturalmente, eu sofria com suas humilhações e suas críticas sistemáticas, mas, se ele estava constantemente entre altos e baixos, devo reconhecer que os altos me nutriam.

"Se não descobri as traições mais cedo foi porque inconscientemente não queria vê-las, pois não desejava pôr em risco nossa vida familiar. Por exemplo, quando fui a um ginecologista com ele após um aborto e o médico explicou que tinha sido causado por uma doença sexualmente transmissível e que, necessariamente, um de nós dois tinha uma relação fora do casamento, meu marido garantiu que era mentira. Eu acreditei nele e mudamos de médico.

"Com ele, a confiança me cegava. Nós temos as mesmas origens. Isso para mim era uma espécie de garantia. Meus pais eram pessoas admiráveis. A vida em família que eu havia construído não podia deixar de ser tão boa quanto a deles. Na verdade, eu amei um fantasma, imaginei esse homem

38 ABUSO DE FRAQUEZA E OUTRAS MANIPULAÇÕES

diferente do que ele era, e ele gostou que eu lhe devolvesse essa imagem. Foi o que constituiu nossa vida de casal."

Inspiramos confiança mais pela atitude, ou seja, por algo que pode ser construído, do que por reais qualificações. Por sinal, uma importante publicação do setor gerencial estampou recentemente o seguinte título: "A arte de inspirar confiança: técnicas para aumentar o carisma, construir uma reputação exemplar e conseguir adesões."

As bases neurobiológicas do sentimento de confiança têm despertado o interesse dos pesquisadores. Kosfeld e seus colaboradores no Instituto de Pesquisas Econômicas Empíricas de Zurique convidaram estudantes a participar de um jogo econômico. Diante de "gerentes de fundos" propondo investimentos financeiros, os estudantes deviam colocar-se na posição de investidores, e sua remuneração dependeria desses investimentos.[1] Antes de começar o jogo, eles eram divididos em dois grupos e recebiam um spray nasal de ocitocina ou de placebo.[2] O estudo revelou que os investimentos eram maiores no grupo da ocitocina que no grupo placebo, o que indica maior confiança no banqueiro.

Provocar um elã amoroso ou um elã de simpatia é uma manobra eficaz para que alguém conceda cegamente sua confiança. Examinemos isso mais de perto.

---

[1] R.G. Kosfeld M. et al., *Nature*, 2 de junho de 2005; 673, 676.

[2] A ocitocina é um pequeno peptídeo produzido pelo hipotálamo e que age ao mesmo tempo como hormônio e neuromodulador. Demonstrou-se que a ocitocina está relacionada aos vínculos sociais: vínculo mãe-filho depois do parto, vínculo entre macho e fêmea depois do ato sexual, mas também na paixão amorosa.

2. DA INFLUÊNCIA À MANIPULAÇÃO

"O charlatanismo nasceu no dia em que o primeiro
malandro encontrou o primeiro imbecil."

Voltaire

Para obter alguma coisa de alguém, várias técnicas são possíveis. Podemos tentar convencê-lo abertamente, recorrendo a argumentos lógicos e racionais. Podemos tentar persuadi-lo, e nesse caso juntaremos argumentos lógicos e elementos afetivos. Podemos também procurar influenciá-lo ou manipulá-lo para levá-lo a mudar de ponto de vista, aparentemente com toda liberdade. Finalmente, podemos utilizar meios mais violentos, como a intimidação ou a força, mas nesse caso o abuso é mais evidente.

Os especialistas em psicologia social ou comunicação estudaram os diferentes fatores que permitem obter consentimento a um ato ou adesão a uma ideia. Tentavam entender de que maneira sujeitos que *a priori* não apresentavam particular vulnerabilidade podiam tomar decisões aparentemente absurdas ou ilógicas. Chegaram à conclusão de que um homem "normal" é naturalmente vulnerável à influência e à manipulação, especialmente quando se vangloria de cumprir promessas e resoluções. Mas o fato é que não raro ouvimos dizer que essa ou aquela pessoa, por demais fraca, é influenciável. Tentemos então entender.

Convencer ou persuadir

Convencer é diferente de persuadir. Embora nos dois casos se trate de conseguir a adesão de alguém, o caminho que leva nessa direção não é o mesmo.

40 ABUSO DE FRAQUEZA E OUTRAS MANIPULAÇÕES

Convencer é fazer com que o outro aceite uma maneira de pensar ou de se comportar mediante explicações racionais. É necessário então desdobrar-se num empenho de argumentação ou demonstração, o que requer tempo e atenção da parte do interlocutor, consciente de que se está tentando convencê-lo. Como esse empenho é explícito, geralmente é bem-aceito, pois se dirige à razão e não ao inconsciente, muito embora possa basear-se em argumentos falaciosos.

Persuadir é provocar uma mudança na vontade do outro mediante argumentos lógicos, mas também por uma ação sobre a afetividade, pela sedução ou a lisonja. Nesse caso, o interlocutor participa ativamente do processo, pois aquele que procura persuadir o outro adapta seu discurso à sua sensibilidade e também à sua vulnerabilidade.

A persuasão é uma arte que comporta um elemento considerável de improvisação, impossível de estudar em manuais. Certas pessoas são naturalmente dotadas para persuadir os outros. Têm um carisma inato ou facilidade de comunicação.

Uma persuasão eficaz resulta de um equilíbrio sutil entre a credibilidade atribuída à fonte do discurso, o tipo de argumentos enunciados e sua coloração emocional.

A persuasão percebida como atribuição externa ("outra pessoa está me empurrando para...") é uma tática menos eficiente que aquela que dá a impressão de uma motivação interna ("eu optei livremente por...").

Sedução

A palavra "sedução" vem do latim "*se ducere*", que significa "separar", "conduzir à parte". Em sua acepção moderna, seduzir

ABUSO DE FRAQUEZA E MANIPULAÇÃO

significa encantar, fascinar de maneira irresistível, mas também enfeitiçar, adquirir ascendência sobre o outro.

Também se fala de sedução a respeito de uma ação visando provocar admiração, atração ou amor de uma ou várias outras pessoas por si mesmo, e, por extensão, corromper a inocência de uma jovem, isto é, abusar dela, enganá-la. A sedução constitui, assim, uma etapa preliminar de toda relação amorosa.

Na Grécia antiga, achava-se que a chave da sedução não estava no emissor, mas no receptor, pois seduzir é adaptar-se ao outro, dizer-lhe o necessário no momento desejado. Com efeito, um sedutor só alcança seu objetivo na medida em que consegue encarnar um desejo latente no outro e preenche um vazio nele.

Glória conheceu um homem na casa de amigos e foi imediatamente seduzida. Oito dias depois, ele a pediu em casamento, insistiu; ela aceitou.

Estava muito apaixonada, e os três anos seguintes da relação conjugal foram perfeitos. Com ele, não havia rotina, era constantemente o imprevisto. "O que me agradou no início do casamento foi exatamente o que veio a me desagradar posteriormente: ele era inconsequente, imprevisível, nunca se questionava."

Na primeira vez em que saíram, ele mostrou-lhe um maço de cédulas "para passar a noite". Ela ficou sabendo mais tarde que era o seu salário do mês.

Pouco depois do casamento, convenceu-a a largar o trabalho para levar com ele uma vida mais "verdadeira", junto à natureza. Ela passou, então, a ter um emprego fixo, enquanto ele tinha trabalhos, eventuais, pois queria reservar tempo para

42 ABUSO DE FRAQUEZA E OUTRAS MANIPULAÇÕES

o lazer. Na verdade, ela trabalhava muito e ele, muito pouco. Ela não tinha lazer algum, e ele, muito. As coisas se agravaram quando chegou a hora de pagar os impostos. Glória brutalmente descobriu que seu marido vinha gastando integralmente o dinheiro destinado aos cofres públicos havia vários anos. A partir de então, teve de acumular dois empregos, pois seu salário ficou quase totalmente comprometido.

Mas ela nunca se queixou, nunca sentiu raiva. Amava-o loucamente e esperava que as coisas se arranjassem. Quando dúvidas a acometiam sobre o futuro de sua vida de casal, diante das mentiras, ele sabia dizer-lhe o necessário para que continuasse acreditando. O trabalho a deixava de tal maneira esgotada que, incapaz de reagir, ela sempre acabava confiando nele. Os parentes e amigos a advertiam, dizendo que estava sendo boazinha demais, que devia desconfiar.

A sedução só é possível quando leva em conta o outro. Baudrillard a resumia assim: "A pessoa sedutora é aquela em que o ser seduzido se encontra."

Influência

A influência nem sempre é um fenômeno negativo, mas um fenômeno psicossocial normal que existe em todas as relações interpessoais. A relação com o outro é feita de vínculos recíprocos; nós recebemos a influência do outro, mas normalmente podemos reagir e contrainfluenciar também, sendo cada um ao mesmo tempo fonte e alvo da influência.

Influência não é manipulação. É, inclusive, fonte de enriquecimento, instrumento da inovação. E, por sinal, os anunciantes

ABUSO DE FRAQUEZA E MANIPULAÇÃO   43

o sabem muito bem, cortejando os "influenciadores" da Web, os jovens que recomendam um site ou uma tendência através das redes sociais. A influência só se torna problemática nas mãos de pessoas mal-intencionadas buscando sujeitar o outro. Na feitiçaria, é possuído aquele que está sob influência de um espírito que age no interior de sua pessoa.

A dificuldade está em perceber o limite entre uma influência normal e uma influência abusiva. Podemos perceber intuitivamente que uma influência não é boa, que está ocorrendo abuso, mas quase sempre não confiamos suficientemente na primeira impressão, e mais tarde o lamentamos.

Indução de comportamento

Em 1889, em seu livro L'Automatisme psychologique,[1] Pierre Janet, eminente psicólogo e filósofo francês, fez um estudo extremamente detalhado dos fenômenos de sugestão e sugestibilidade. Segundo ele, todos os homens agem uns sobre os outros, e as relações sociais não são muito mais que ações e reações recíprocas, acompanhadas de um consentimento voluntário ou de uma aceitação mais ou menos resignada, da qual se tem consciência. Entretanto, o consentimento desaparece completamente e é inclusive inútil em caso de sugestão.

Segundo ele, a sugestão se torna possível graças a uma *fraqueza psíquica* momentânea, ligada a um estado de distração exagerado, como, por exemplo, quando a mente está muito atenta a outra coisa. Verifica-se então um recuo do campo da consciência. Quando se

---

[1] Janet, P., L'Automatisme psychologique, L'Harmattan, 2005, reedição.

44 ABUSO DE FRAQUEZA E OUTRAS MANIPULAÇÕES

alcança êxito na sugestão, as ideias sugeridas rechaçam as ideias contrárias. Ocorre então o desaparecimento de todo espírito crítico.

Um mágico convidou ao palco um espectador que jurava para si mesmo que se manteria vigilante e não se deixaria enganar. O artista gracejou com ele, pousou brevemente a mão em seu braço e fez malabarismos com uma moeda, agitando os braços. Passado um momento, quando o mágico, dizendo que estava na hora de começar realmente o truque, perguntou que horas eram, o homem se deu conta de que estava sem seu relógio.

Como foi que o mágico fez? Para melhor subtrair o que o homem tinha nos bolsos, ele o distraiu, enganou seu cérebro, gesticulando muito. Criou assim uma ilusão cognitiva que afetou sua atenção, sua memória e sua consciência.

Manipulação

O ponto de partida de toda manipulação é sempre uma mentira.

O manipulador visa, mediante uma relação mentirosa, conseguir do outro um comportamento que ele não adotaria espontaneamente.

Os pesquisadores de psicologia social são categóricos: as melhores estratégias não recorrem ao constrangimento, pois a manipulação é mais eficaz que a violência direta. Também constataram que, se a persuasão é capaz de mudar as mentalidades, não altera os atos. A manipulação, pelo contrário, provoca o consentimento do outro sem fazer pressão nem esforço para convencê-lo. É um caminho rápido que passa ao largo da argumentação e visa obter um consentimento automático. A pessoa manipulada nem desconfia, não tem consciência de estar sendo influenciada e até, quase sempre, tem uma sensação de liberdade.

A manipulação faz parte da vida, existindo também entre os animais. Entre os seres humanos, nem todas as manipulações constituem uma violência moral, e algumas delas são positivas. O objetivo pode ser nobre: estimular um estudante, motivar um subordinado ou ajudar um paciente... A manipulação também está presente em toda sedução amorosa, sendo então aceita em pleno conhecimento de causa, pois faz parte do jogo do encontro. Veremos que o mesmo não ocorre no assédio sexual.

Diariamente nós somos alvo de pequenos atos de manipulação mais ou menos prejudiciais. É o vendedor que nos leva a comprar um produto já meio passado, o gerente de banco que nos oferece um investimento sem risco etc. Entre a má-fé e a mentira deliberada, ficamos furiosos, envergonhados e, no fim das contas, cada vez mais desconfiados — o que não nos impedirá de sermos enganados de novo.

Existem manipulações inofensivas, banais, cotidianas, que acarretam submissão sem pressão. O exemplo normalmente apresentado pelos psicossociólogos é o da pessoa que pergunta a alguém numa estação ferroviária: "Pode tomar conta da minha mala enquanto vou ao banheiro?" Fica difícil recusar.

Em função do grau de liberdade concedido ao interlocutor, essas manipulações poderão ou não ser consideradas violências morais. A diferença está na intencionalidade. Na medida em que esse ato não se impõe pela força, mas pela persuasão, não é necessariamente percebido desde logo como violento, o abuso só se revela *a posteriori*.

46 ABUSO DE FRAQUEZA E OUTRAS MANIPULAÇÕES

* * *

A eficácia de uma manipulação depende menos da predisposição da pessoa visada que da habilidade do manipulador, e muito embora os bons manipuladores ajam "por instinto", é possível decifrar os procedimentos de que se valem para provocar uma autêntica paralisia da vontade, um entorpecimento da consciência do sujeito visado.

Para manipular alguém é preciso, antes de mais nada, seduzi-lo, estabelecer com ele uma corrente de simpatia e situar a relação num modo "íntimo" baseado num sentimento de confiança. Com isso, é possível neutralizar sua lucidez e diminuir suas resistências. Uma das vítimas de Philippe, de que vamos falar na terceira parte deste livro, falava sobre o *abuso de simpatia*.

Os grandes manipuladores, embora dominem a manipulação cognitiva, destacam-se sobretudo na manipulação dos afetos. Sabem por intuição perceber as aspirações da pessoa visada, suas reticências, suas identificações. Entram então em ressonância com o que dela perceberam, e, como camaleões, se adaptam ao que pode convir ao outro para estabelecer um vínculo empático. Instintivamente, adaptam seu discurso ao dos interlocutores, de maneira a adquirir uma identidade que agrade. Determinam suas normas para estabelecer a troca num modo que corresponda a suas aspirações.

Em seu livro *Abus de faiblesse*,[1] Catherine Breillat conta como conheceu Christophe Rocancourt e como ele a privou fraudulentamente de todo o seu patrimônio.

---

[1] Breillat, C., *Abus de faiblesse*, Fayard, 2009.

ABUSO DE FRAQUEZA E MANIPULAÇÃO

Ao conhecê-lo, ela sabia quem ele era. Ele se vangloriava de ter passado por herdeiro da família Rockefeller, filho de Dino de Laurentiis, de Sophia Loren, de ter roubado 35 milhões de dólares, com isso passando cinco anos na prisão, e de ter vivido outras vidas. Apresentava-se como ás das finanças, boxeador, campeão de fórmula 1 etc. Depois de anos de fraudes e de uma dezena de anos de prisão, ele conseguiu transformar esses golpes em lenda, forjando para si mesmo, através de entrevistas nos meios de comunicação, uma imagem de brilhante escroque arrependido.

Christophe Rocancourt descobriu que Catherine Breillat estava procurando um "bad boy" para o filme que ia fazer. Logo percebeu que também havia um interesse pessoal da parte dela, e soube jogar com isso.

Voltaremos ao assunto um pouco mais adiante.

As técnicas de manipulação do comportamento foram bem estudadas pelos especialistas em comunicação e os investigadores em psicologia social, especialmente nos Estados Unidos. Na França, Robert-Vincent Joule e Jean-Léon Beauvois tentaram sintetizá-las num livro constantemente reeditado, *Petit Traité de manipulation à l'usage des honnêtes gens*.[1] A crítica que se costuma fazer às técnicas de manipulação é de ordem moral, pois elas implicam inconsciência da parte do alvo. Entretanto, esses métodos não criam nada do zero, pois se escoram nas tendências naturais dos indivíduos.

---

[1] Joule, R.-V. e Beauvois, J.-L., *Petit Traité de manipulation à l'usage des honnêtes gens*, Presses universitaires de Grenoble, 1987.

48 ABUSO DE FRAQUEZA E OUTRAS MANIPULAÇÕES

Certas técnicas de incentivo ou, poderíamos dizer, de manipulação começam a ser bem conhecidas, pois agora, tendo sido estudadas e reveladas, podem ser encontradas em qualquer manual destinado a gerentes e vendedores. Um deles ostentava inclusive o slogan "Seja aquele que convence, não seja aquele que se deixa manipular!". É bem verdade que um bom vendedor o faz instintivamente, não precisando estudar essas técnicas em livros, mas o fato de conhecê-las pode representar uma vantagem em sua vida profissional. Quando uma pessoa incorpora essas leis de funcionamento, a probabilidade de induzir de fato o comportamento desejado aumentaria de 10% a 20%.

Cabe aqui reiterar que os resultados positivos alcançados estão ligados à manipulação, e não à personalidade dos indivíduos visados.

As pesquisas mostram várias coisas. Primeiro, que é preciso levar em conta o fato de que uma pessoa cultivada não pode sê-lo em todos os terrenos de sua vida. Por exemplo, um eminente médico pode deixar-se enganar pelo técnico que conserta sua máquina de lavar roupa. Por outro lado, uma mesma mensagem persuasiva é recebida de maneiras diferentes em função do interesse depositado no tema. Duas vias distintas de tratamento da informação são mobilizadas, em função do tipo de situação. Um tema que interesse particularmente a uma pessoa será tratado pela via central, ao passo que temas relacionados a terrenos pouco conhecidos ou mobilizadores do emocional serão tratados por uma via periférica pobre em análise.[1]

---

[1] Casalfiore, S., Seminário SOS Sectes, de 20 de novembro de 2003, em Bruxelas, *La soumission librement consentie.*

ABUSO DE FRAQUEZA E MANIPULAÇÃO 49

Tomemos o exemplo de um especialista em informática que vai comprar um novo computador. O vendedor terá de apresentar argumentos sólidos, pois o cliente é capaz de analisá-los e compará-los com outros, sem se deixar impressionar pela "conversa-fiada".

Esse mesmo profissional, com dores lombares por causa das horas passadas diante da tela, quer mudar de cadeira. Apesar da ausência de qualquer argumento razoável, vai se deixar seduzir pela que lhe parecer mais ergonômica, qualquer que seja o preço, ou então pela que o vendedor apresentar como uma pechincha.

Quando se pretende que alguém modifique suas ideias ou seus comportamentos, em vez de recorrer a uma técnica baseada na persuasão, é mais eficiente optar por uma estratégia comportamental. Ela consiste na obtenção de atitudes ou atos preparatórios dessa mudança. Embora possam parecer irrisórios, eles comprometem aquele que os adota, tornando assim mais provável a concretização do comportamento esperado.

Um empregado que deseje alterar seus dias de folga pode negociar com um colega, argumentando: "Minha mulher só poderá tirar férias nessa data, mas nas próximas férias você é que vai escolher." Também pode preparar uma armadilha para o outro, pedindo-lhe inicialmente pouca coisa — por exemplo, que altere em apenas um ou dois dias suas datas de férias —, para finalmente inverter completamente o planejamento das ausências.

50   ABUSO DE FRAQUEZA E OUTRAS MANIPULAÇÕES

Eis alguns exemplos de técnicas de persuasão:

A técnica do pé na porta

Conseguindo-se a concordância de uma pessoa a um pedido menor, tem-se forte probabilidade de que ela aceite em seguida uma solicitação mais importante.

Se alguém perguntar primeiro as horas a outra pessoa, para em seguida pedir-lhe algum dinheiro para tomar o ônibus, a probabilidade de conseguir o dinheiro será muito maior do que se não tivesse sido feita nenhuma solicitação preparatória.

O dedo na engrenagem

Em nome do princípio de coerência, uma pessoa pode ser apanhada num processo de escalada: seu envolvimento solicitará esforço cada vez maior, revelando-se sempre mais oneroso. Com efeito, nós não agimos para respeitar nossas convicções: pelo contrário, modificamos nossas opiniões para justificar nossos comportamentos *a posteriori*.

A partir do momento em que emprestou dinheiro a Christophe Rocancourt, Catherine Breillat não pôde mais voltar atrás. Houve uma escalada de comprometimento. Naturalmente, Christophe Rocancourt não tinha estudado esses métodos, agia dessa maneira instintivamente e, por isso, era perigoso.

ABUSO DE FRAQUEZA E MANIPULAÇÃO

Seja num casal de relação viciada ou à frente de uma empresa, o comprometimento pode levar a uma escalada, radicalizando comportamentos problemáticos.

A técnica da isca

Partindo-se do princípio de que as pessoas têm dificuldade de voltar atrás numa decisão tomada, leva-se um indivíduo a optar por praticar um ato cujo custo real lhe é provisoriamente ocultado. A realidade da situação, com seus inconvenientes e limitações, só então lhe é anunciada. O interlocutor sente-se, portanto, obrigado a sustentar sua reação.

Estudantes foram chamados para participar de uma breve experiência de psicologia. Muitos aceitaram. Posteriormente, foram avisados de que essa experiência ocorreria às sete horas da manhã, sendo convidados então a confirmar ou retirar seu comprometimento.

O grupo de estudantes que aceitou participar sem saber do horário era muito maior que o grupo que tinha desde logo sido informado de que a experiência ocorreria tão cedo.

A armadilha está na vontade dos indivíduos inteligentes de ser coerentes, pois eles reagem de maneira a justificar suas decisões anteriores.

Engodo

Trata-se de levar um indivíduo a tomar uma decisão que no fim das contas não se concretizará. Isso gera uma decepção, sobretudo se a primeira proposta era interessante. Apresenta-se então uma alternativa, menos interessante, é verdade, mas com a função de reduzir essa frustração.

Eis uma manobra muito usada nas lojas em época de liquidação: o artigo oferecido com 50% de desconto não está mais disponível no tamanho desejado, mas é oferecido um artigo semelhante, que não está na liquidação.

A técnica da porta no nariz

O objetivo desta técnica é obter uma resposta negativa a um primeiro pedido, para em seguida conseguir concordância para aquela que é a verdadeira solicitação.

Um voluntário de uma associação caritativa dirige-se a uma pessoa na rua, pedindo que participe de uma jornada de ação em benefício dessa associação. Quando a pessoa recusa, é convidada a comprar o chaveiro da associação, por um valor irrisório.

Esse método aposta na norma da reciprocidade. Como o solicitante parece ter feito uma concessão ao mudar seu pedido, o interlocutor terá mais dificuldade de recusar algo que parece perfeitamente inofensivo.

Vamos agora nos deter na descrição das técnicas de manipulação que podem ser encontradas em diferentes manuais para comerciantes e gerentes. Essas técnicas são apenas ferramentas que podem ser usadas de forma mais ou menos honesta.

Dominação

A dominação assinala uma nova etapa. Ao contrário da manipulação, que pode ser pontual, a dominação se estabelece no tempo, a ponto de criar uma verdadeira relação patológica.

A relação de dominação é um fenômeno natural relativamente corrente, que pode ocorrer em qualquer relação humana, desde que haja uma interação entre dois ou vários indivíduos ou grupos de indivíduos. Pode-se dar no casal, nas famílias, nas instituições, mas também nas seitas ou através de um poder, por meio da propaganda.

Etimologicamente, a palavra "dominação" em francês, *emprise*, deriva da contração do verbo latino "*impredere*", que significa apanhar, apropriar-se física ou mentalmente. A partir do século XIX, ela designa em direito administrativo uma tomada de posse regular ou irregular. Por extensão, a palavra designa atualmente a ascendência intelectual ou moral exercida sobre um indivíduo ou um grupo.

A dominação caracteriza-se, com efeito, pela influência psíquica de um instigador sobre sua vítima, à sua revelia (a vítima não se dá conta das manobras nem das intenções daquele que abusa). Exercer dominação sobre uma criança, como veremos, é ainda mais fácil, mas também muito mais destruidor, que sobre um adulto. Se a pessoa se conscientiza de que o outro a domina ou procura controlá-la é porque seu espírito crítico ainda está suficientemente reativo: não há, assim, dominação. Mas como identificar tais fenômenos com certeza? A dificuldade está no fato de que um indivíduo sob dominação afirmará ter aceitado a situação de maneira totalmente voluntária, não estando submetido a quem quer que seja.

54 ABUSO DE FRAQUEZA E OUTRAS MANIPULAÇÕES

A dominação nem sempre é um fenômeno negativo. A dificuldade toda consiste em identificar o momento em que uma relação se torna abusiva. Nos primeiros tempos de uma relação amorosa, por exemplo, pode ser desejada a entrega total ao ser amado, a ponto de se dissolver completamente nele, perdendo a própria individualidade. Em qualquer relação passional são ativadas relações de dependência que no entanto nada têm de patológico. Mas pode acontecer que a relação tenha prosseguimento numa assimetria de tal ordem que um dos parceiros se veja em situação de grande dependência do outro. Nesse caso, como pude analisar num livro anterior,[1] a máscara da paixão amorosa pode dissimular a dominação de um cônjuge sobre o(a) parceiro(a) para conseguir não só a submissão e a aceitação da violência como também que se torne vítima obediente, chegando ao ponto de proteger aquele que abusa.

No plano psicanalítico, a expressão pulsão de dominação foi usada por Freud pela primeira vez em 1905, nos *Três ensaios sobre a teoria sexual*, para descrever uma pulsão de dominação pela força, diferente da energia sexual.

Roger Dorey retomou esse conceito e o desenvolveu para descrever a "relação de dominação" (1981). Ele distingue nela três dimensões principais: uma ação de apropriação por desapossamento do outro, uma ação de dominação na qual o outro é mantido num estado de submissão e dependência, uma dominação sobre o outro do ponto de vista físico e psíquico. Segundo ele, a dominação visa

---

[1] Hirigoyen, M.-F., *Femmes sous emprises*, op. cit.

antes de mais nada neutralizar o desejo do outro, reduzir ou anular sua alteridade, suas diferenças, para reduzi-lo à condição de objeto totalmente assimilável. Nesse caso, para retomar a expressão de Leonard Shengold ao se referir a crianças vítimas de abuso sexual, "sua alma torna-se escrava do outro."[1]

Uma dominação não se impõe imediatamente, vindo a se instalar progressivamente, através de várias etapas, que contribuem para desarmar as defesas da vítima.

IDENTIFICAR A VULNERABILIDADE DO ALVO

No caso de uma pessoa idosa, a vulnerabilidade pode consistir em pequenos distúrbios cognitivos que a impedem de perceber todos os elementos de uma situação, ou então será um sentimento de solidão, se a família estiver distante ou se ela se sentir angustiada com a ideia da morte. No caso de um jovem, pode ser um conflito familiar ou a busca de um sentido para a vida. Outra pessoa ainda pode manifestá-la em decorrência de carências infantis que geraram uma base de segurança falha e uma necessidade de vínculo. Todas essas vulnerabilidades individuais constituem falhas através das quais um manipulador vai tentar se infiltrar.

SEDUZIR O ALVO

O manipulador seduz a pessoa com um discurso enganador, promessas incríveis, trata de lisonjeá-la, dando-lhe a impressão de que é única, ou então a leva a crer num amor absoluto. No que diz respeito às seitas, fala-se de *love bombing* (bombardeio de amor).

---

[1] Shengold, L., *Meurtre d'âmes. Le destin des enfants maltraités*, Calmann-Lévy, 1998.

56 ABUSO DE FRAQUEZA E OUTRAS MANIPULAÇÕES

Nesse caso, a sedução não é recíproca, mas narcísica, destinada a fascinar e, portanto, a paralisar o outro.

Em julho de 2009, um psiquiatra de Bergerac foi julgado pelo estupro de quatro pacientes que o acusavam de ter se aproveitado de sua vulnerabilidade. Todas afirmavam ter sido deixadas em certo estado de disponibilidade mediante sessões de hipnose ou a leitura de contos alegóricos. Nenhuma alegava real constrangimento da parte do psiquiatra, mas todas elas vieram posteriormente a experimentar a sensação de terem sido manipuladas. Segundo um dos especialistas que examinaram o acusado e as queixosas, "essas pessoas não opuseram recusa, tampouco deram seu consentimento". Para explicar a dominação do médico sobre as pacientes, os especialistas refutaram a hipnose, que não acarreta relação de dependência, considerando que o acusado desviou em benefício próprio o vínculo transferencial que se estabelece entre um psicoterapeuta e seu paciente.

O que dizem essas mulheres? Para uma delas, o fato de ter conhecido o psiquiatra foi "algo realmente muito importante". Outra falou de "encantamento". "Eu era a eleita, aquele homem se interessava por mim." Uma terceira jovem, convocada como testemunha, afirmou: "Eu amava o salvador que tinha diante de mim. Achava extraordinário que um médico como ele se interessasse por mim."

Outras testemunhas que compareceram ao tribunal para manifestar apoio e simpatia ao psiquiatra confirmaram seu imenso poder sobre os outros. "Ele é o meu treinador,

ABUSO DE FRAQUEZA E MANIPULAÇÃO

devo-lhe tudo", ou então: "Eu me sentia fascinada por sua inteligência e sua gentileza."

ISOLAR O ALVO

Trata-se de separar a pessoa visada dos que a cercam e dos amigos para melhor controlá-la.

ALIENAR

Isso é feito em várias etapas.

Tudo começa com uma etapa de *arrombamento*. O manipulador invade o território íntimo do alvo. Torna-se indispensável mediante pequenos serviços, se antecipa aos desejos da pessoa. É o método mais utilizado pelos que abusam de pessoas idosas. Ou então impõe sua presença de maneira permanente. Veremos no capítulo sobre o assédio sexual de que maneira um indivíduo pode exercer pressão sobre alguém para impor-lhe uma comunicação ou uma troca que não quer realmente, como esse assédio consegue esgotar a vítima, que acaba cedendo e aceitando "contra a vontade".

Segue-se uma etapa de *captação*, durante a qual aquele que abusa procura apropriar-se do psiquismo do outro, podendo às vezes apropriar-se, em seguida, de seus bens.

— Pelo olhar.

As pessoas visadas falam de um olhar carregado de subentendidos, doentio, preocupante, mas com frequência têm dificuldade de traduzi-lo em palavras. As vítimas de assédio sexual e as crianças vítimas de abuso sexual sabem perfeitamente que foram capturadas pelo olhar intrusivo daquele que abusa: "Eu ficava perturbado(a)

58 ABUSO DE FRAQUEZA E OUTRAS MANIPULAÇÕES

com seu olhar, que me causava mal-estar. Perdia então o controle e me tornava incapaz de resistir", costumam dizer as vítimas.

— Pelo toque.

O toque é uma técnica de manipulação misteriosa, pois não existem explicações satisfatórias de sua eficácia.

Nicolas Guégen, da Universidade de Vannes, pediu a estudantes que fizessem um exercício, e em seguida, de maneira estressante, que fossem ao quadro-negro corrigi-lo diante de todo mundo. Ele passava previamente de mesa em mesa, tocando-lhes ou não o braço, como que por acaso. Dos alunos que foram tocados, 29,4% se prontificaram voluntariamente a ir ao quadro-negro, contra 11,5% dos que não foram tocados.

No entanto, o toque também é constituído de gestos ambíguos ou desagradáveis, cuja insinuação sexual é negada verbalmente por aquele que abusa.

— Pela linguagem.

A captação também pode ocorrer através de uma comunicação viciada com mensagens deliberadamente vagas ou imprecisas, carregadas de mentiras ou na esfera do paradoxo. Isso tem como efeito deixar a pessoa visada confusa, levando-a a duvidar dos próprios pensamentos e afetos. Pode-se assim induzir nela uma realidade falseada ou uma interpretação da realidade que adquire valor de fato.

ABUSO DE FRAQUEZA E MANIPULAÇÃO

No prefácio que escreveu para a edição francesa do livro *L'Effort pour rendre l'autre fou*,[1] de Harold Searles, Pierre Fédida fala de uma de suas pacientes:

"Eram discursos intermináveis sobre o que ela devia pensar, querer, apreciar ou rejeitar. Ela se sentia presa ali, fisgada pelo que o pai dizia a seu respeito. Duvidando do que sentia em si mesma, incerta quanto aos seus objetos de pensamento e de gosto, ela acabava por se agarrar às razões do pai, do qual só conseguia escapar por atos impulsivos que acabavam por levá-la de volta, cheia de culpa, ao discurso. 'Meu pai me enlouqueceu. Ele não para de pensar em mim, e eu acabo fazendo contra a vontade coisas que ele previu.' (...)"

PROGRAMAR

Em seguida, trata-se de fazer durar essa relação. A pessoa sob dominação fica como que fascinada, e aos poucos vai perdendo sua identidade sem se dar conta. Vive a relação numa espécie de estado alterado, de encolhimento da consciência, perde o seu espírito crítico, o que permite a paradoxal coexistência nela do não consentimento com a aceitação. É o que o psiquiatra Racamier chamou de "descerebramento". Manobrada pela vontade do manipulador, infiltrada por seu pensamento, ela age de uma maneira que não é a sua, pode ser levada a dizer coisas que virá a lamentar, tomar decisões contrárias a seus interesses ou adotar opiniões que não aprova.

---

[1] Searles, Harold, *L'Effort pour rendre l'autre fou*, Gallimard, Folio Essais, 1977.

AMEAÇAR

Se a pessoa resiste e a sedução não basta, resta a ameaça. Uma das jovens seduzidas pelo psiquiatra de Bergerac explicou que não recorrera à justiça antes porque esse médico, que trabalhava na PJJ (Proteção Judiciária da Juventude), havia ameaçado tirar-lhe seus filhos.

Em seu livro, Catherine Breillat também fala das ameaças que Rocancourt era capaz de fazer. E, por sinal, ele tinha sido bem claro com várias de suas outras vítimas: "Se me denunciarem, eu deixo cada um definhando na mala do carro, e a coisa vai acabar com uma bala no meio dos olhos."[1] O agressor da vítima de assédio sexual de que vou falar mais adiante costumava dizer: "Se der queixa, eu te mato."

3. OS TEXTOS JURÍDICOS

No plano jurídico, a palavra "abuso" refere-se ao uso excessivo de um direito, em prejuízo dos direitos de outros.

O artigo L.223-15-2 do Código Penal e o artigo L-122-0 e seguintes do Código de Consumo definem o abuso de fraqueza nos seguintes termos:

"É punido com três anos de prisão e 375 mil euros de multa o abuso fraudulento do estado de ignorância ou da situação de fraqueza, seja de um menor, seja de uma pessoa cuja particular vulnerabilidade, devida à idade, a uma doença, a uma enfermidade,

---

[1] Breillat, C., *Abus·ae faiblesse*, Fayard, 2009.

ABUSO DE FRAQUEZA E MANIPULAÇÃO

a uma deficiência física ou psíquica ou a um estado de gravidez, seja evidente ou conhecida pelo autor, seja de uma pessoa em estado de sujeição psicológica ou física resultante da prática de pressões graves ou reiteradas ou de técnicas passíveis de alterar seu discernimento, para conduzir esse menor ou essa pessoa a um ato ou uma abstenção que lhe seja gravemente prejudicial."

Para que a infração de abuso de fraqueza se constitua, é preciso, assim, que sejam caracterizados:

— a vulnerabilidade da vítima, em razão de sua idade, de um problema de saúde ou em consequência de uma manipulação mental (voltaremos a esse ponto);

— o conhecimento dessa vulnerabilidade por parte da pessoa processada. O abuso de fraqueza é uma infração intencional, cometida com perfeito conhecimento de causa. Não se trata de imprudência nem de negligência;

— o grave prejuízo causado por esse ato à vítima. Em caso de queixa por abuso de fraqueza, o juiz terá como missão determinar que valores despendidos podem ser-lhe "gravemente prejudiciais". Se uma pessoa de baixa renda é levada a dar a metade, o prejuízo é grave, ao passo que se a pessoa visada é bilionária, como Liliane Bettencourt, o limite do prejuízo é mais difícil de estabelecer.

A lei, portanto, protege:

— os menores;

— os maiores vulneráveis, pessoas idosas ou deficientes física ou moralmente;

— as pessoas em estado de sujeição psicológica.

Para essas vítimas potenciais, o prejuízo não é necessariamente material, podendo ser reconhecido um dano moral.

62 ABUSO DE FRAQUEZA E OUTRAS MANIPULAÇÕES

O abuso de fraqueza é um delito complexo que comporta duplo dano à pessoa:

— um dano patrimonial, pois alguém se aproveita da situação para empobrecer a vítima;

— um dano à sua liberdade de decisão e ação, pois ela é levada a efetuar um ato que não teria realizado se estivesse em condições de resistir.

Com essa lei, o objetivo é proteger pessoas que se encontrem temporária ou definitivamente em estado de vulnerabilidade frente àqueles que pretendessem abusar delas e/ou espoliá-las.

Código de Consumo

Inicialmente, o delito de abuso de fraqueza foi concebido como uma infração contra os bens, sendo sancionado pelo Código de Consumo como fraude (artigo L-123-8 do Código de Consumo). Ele tendia a reprimir o consentimento imposto por métodos de venda abusivos visando pessoas vulneráveis. Com efeito, certas práticas comerciais fraudulentas permitem induzir um consumidor a assinar um contrato (não raro durante visita em domicílio) abusando de sua situação de fraqueza ou ignorância: idade avançada, estado de saúde frágil, má compreensão da língua francesa.

O abuso de fraqueza pode dizer respeito a casos de vulnerabilidade momentânea do consumidor, considerando-se as circunstâncias (por exemplo, numa situação de urgência, como um vazamento de água ou uma perda de chaves), ou então à vulnerabilidade de pessoas que, em virtude de ardis ou estratagemas usados para convencê-las, não estão em condições de apreciar o alcance dos compromissos assumidos. É o caso, por exemplo, de uma velha senhora que chama um eletricista por causa de um defeito simples e que acaba sendo induzida a assinar contrato para total reforma das instalações, ou então de uma pessoa idosa que, sem distinguir bem euros e francos, vem a pagar milhares de euros pelo conserto do encanamento.

Para que o abuso seja passível de sanção é necessário que o estímulo tenha sido feito em visita domiciliar, por telemarketing, fax, e-mail ou mediante convite para visita a um local de venda, acompanhado de vantagens, como presentes.

A prática comercial agressiva, tal como definida pelo Código de Consumo, consiste em assediar de maneira reiterada e insistente o consumidor ou em recorrer a um constrangimento físico ou moral para interferir em sua liberdade de escolha e obter seu consentimento. Trata-se, de certa maneira, de uma forma de assédio moral.

Se as práticas fraudulentas são punidas por lei é por levarem as técnicas de comunicação e persuasão a um ponto de abuso de confiança. Entretanto, muitas vezes é tênue o limite entre práticas fraudulentas e práticas apenas desagradáveis e não repreensíveis. Já vimos que os especialistas em comunicação conhecem bem as técnicas que permitem obter um consentimento e de que maneira elas passaram a ser usadas habitualmente pelos vendedores.

O *abuso de confiança* não diz respeito apenas às pessoas vulneráveis, embora elas sejam as primeiras visadas. Ele consiste em desviar, em prejuízo de alguém, fundos, valores ou um bem qualquer que foi entregue aos cuidados daquele que abusa, e que ele aceitou com o compromisso de devolvê-los, de reapresentá-los ou de fazer deles uso específico.

64 ABUSO DE FRAQUEZA E OUTRAS MANIPULAÇÕES

O abuso de confiança é punido com três anos de prisão e 375 mil euros de multa.

As penas sobem para sete anos de prisão e 750 mil euros de multa quando o abuso prejudica um indivíduo cuja particular vulnerabilidade, devida à idade, a uma doença, a uma enfermidade, a uma deficiência física ou psíquica ou a um estado de gravidez seja aparente ou conhecida do autor.

A *fraude* é punida com cinco anos de prisão e 375 mil euros de multa. O roubo simples, com sete anos, e o uso de qualidade falsa vinculada a uma missão de serviço público, com dez anos.

O Código de Consumo pune de forma específica abusos cometidos "mediante visitas em domicílio": cinco anos de prisão e 9 mil euros de multa.

Sujeição psicológica

O abuso de fraqueza foi inicialmente classificado entre os crimes e delitos contra os bens. Constitui atualmente uma infração contra a pessoa (art. 313-14 do Código Penal). Foi modificado pela lei de 12 de junho de 2001, com o objetivo de reforçar a luta contra grupos considerados sectários.

Essa lei, conhecida como Lei About-Picard, "tende a reforçar a prevenção e repressão dos movimentos sectários, representando uma ameaça aos Direitos do Homem e às liberdades fundamentais". Foi promulgada num contexto em que diversos movimentos sectários tinham levado seus membros a cometer crimes e/ou delitos (morte de membros da Ordem do Templo Solar em 1994 e 1995, atentado com gás sarin no metrô de Tóquio em 1995).

ABUSO DE FRAQUEZA E MANIPULAÇÃO

As alterações na lei decorrem do fato de os juízes se depararem por vezes com a impossibilidade de encontrar uma qualificação penal para sancionar certos comportamentos inaceitáveis envolvendo adultos. As ações movidas especialmente por vítimas de seitas acabavam sendo consideradas improcedentes, não sendo possível demonstrar que os adeptos, em grande parte maiores de idade agindo voluntariamente, se encontravam em situação de vulnerabilidade.

Na década de 1970, as associações de defesa de vítimas de seitas que foram criadas para defender antigos adeptos precisaram explicar em que consistia a vulnerabilidade dos sujeitos. Foi necessário então definir o que era uma seita e descrever os procedimentos de manipulação mental. Nesse contexto é que surgiu a ideia de criar um delito específico de manipulação mental. O projeto de lei apresentado em junho de 2000 o definia como o fato de, "no interior de um grupo que promove atividades tendo como objetivo ou por efeito criar ou explorar a dependência psicológica ou psíquica de pessoas que participam dessas atividades, exercer sobre uma delas pressões graves e reiteradas ou utilizar técnicas destinadas a alterar seu discernimento para conduzi-la, contra sua vontade ou não, a um ato ou uma abstenção que lhe seja gravemente danosa".

Naturalmente, esse projeto provocou forte reação nos grupos sectários, mas também nas comunidades religiosas reconhecidas e entre os psiquiatras, pois parecia um atentado à liberdade de consciência e de associação. Esse delito seria difícil de estabelecer, pois introduz um elemento de arbitrariedade.

A solução foi completar o texto sobre o abuso de fraqueza. O Código Penal permite já agora aplicar o artigo 223-15-2 sobre abuso de fraqueza às vítimas de seitas: "Quando a infração é cometida

66 ABUSO DE FRAQUEZA E OUTRAS MANIPULAÇÕES

pelo dirigente de fato ou de direito de um grupo que realiza atividades tendo por objetivo ou efeito criar, manter ou explorar a sujeição psicológica ou física das pessoas que participam dessas atividades, as penas são elevadas a cinco anos de prisão e a 750 mil euros de multa."

Mas o texto vai além da proteção dos bens das pessoas idosas, como vimos. Visa três categorias de vítimas: os menores, as pessoas vulneráveis e as que se encontram em "estado de sujeição psicológica ou psíquica", resultante da prática de pressões graves ou reiteradas, ou de técnicas destinadas a alterar seu discernimento (isto é, a manipulação mental e a dominação). Mas nem por isso deixa de ser verdade que é muito difícil provar pressões psíquicas e manipulações mentais, pois a justiça se atém aos fatos. Escora-se portanto em avaliações médicas, provas e testemunhos. Esses, contudo, são necessariamente subjetivos, pois cada um encara de maneira diferente a noção de consentimento.

Como os juízes só podem basear sua decisão em constatações médicas, os psiquiatras muitas vezes são solicitados nos conflitos familiares a fornecer um certificado atestando a incapacidade de uma pessoa idosa, o sofrimento que numa criança esteja ligado à periculosidade do outro genitor etc.

CAPÍTULO II

AS PESSOAS VISADAS

1. PESSOAS VULNERÁVEIS, IDOSAS OU DEFICIENTES

Embora a lei do abuso de fraqueza seja pouco utilizada no caso das seitas, 95% das ações movidas por abuso de fraqueza dizem respeito a pessoas idosas, basicamente para recebimento de herança.

Na última década, ocorrências de maus-tratos físicos, psíquicos ou financeiros contra pessoas idosas foram denunciadas e punidas com mais frequência, o que certamente representa apenas a parte visível do iceberg. Existem hoje na França cerca de três milhões de pessoas com mais de 80 anos, e até 2040 esse número chegará aproximadamente a sete milhões. Essa crescente população de pessoas idosas, com risco de diminuição das faculdades mentais por pequenos distúrbios cognitivos ou pequenas deficiências, estejam elas em condições de viver sozinhas ou internadas em casas de repouso, constituem um alvo ideal para indivíduos mal-intencionados. Cabe ao Estado protegê-las.

68 ABUSO DE FRAQUEZA E OUTRAS MANIPULAÇÕES

O Código Penal não menciona apenas os danos ao patrimônio, mas também os atos visando a integridade física ou psíquica das vítimas, e por isso mesmo sua dignidade.

Abusos financeiros

As pessoas idosas vulneráveis podem ser alvo de diferentes tipos de golpes cometidos por comerciantes, artesãos, cuidadores e outros indivíduos externos, ou mesmo pela família.

A dificuldade de protegê-las decorre do fato de que os distúrbios cognitivos mais acentuados, assim como os distúrbios de discernimento ligados ao mal de Alzheimer ou às demências vasculares não se manifestam de repente. Vários anos podem transcorrer entre os primeiros pequenos esquecimentos de fatos recentes e a demência senil. Ao longo dessa progressão, o sujeito consciente dos próprios distúrbios vai tentar dissimulá-los. É quando o risco de abuso de fraqueza é maior, mas também o momento em que será mais difícil seu reconhecimento jurídico. Como passa bem a maior parte do tempo, a vítima não aceita assistência nem muito menos qualquer forma de tutela. Já os manipuladores e escroques saberão identificar os momentos de maior vulnerabilidade da pessoa fragilizada ou saberão manipulá-la, recorrendo aos métodos de que falei anteriormente.

Escroques e predadores

As fraudes podem ser obra de autênticos predadores organizados. Nesse caso, trata-se de verdadeiras estratégias de ataque, de heranças

AS PESSOAS VISADAS

extorquidas, casamentos arranjados ou habitações ocupadas sem direito nem documentos.

Uma moradora de Dieppe, de 85 anos, relatou aos jornais um golpe de que foi vítima e que a fez perder muito dinheiro.

Certa manhã, ela recebeu um telefonema de um homem que se apresentou como delegado de polícia, dizendo que seu filho acabara de atropelar uma menina árabe numa rua de pedestres e que a família dela exigia 3 mil euros para enterrá-la em seu país, caso contrário iria processá-lo. Ao desligar, a velha senhora estava transtornada. Minutos depois, recebeu outro telefonema do suposto filho, gritando em lágrimas: "Mamãe, me salve!"

Em pânico, fora de si, a velha senhora foi ao banco e retirou suas economias.

Enquanto voltava, um carro parou ao seu lado. A motorista se ofereceu para deixá-la em casa. A senhora se espantou, pois não a conhecia, mas a motorista explicou que era amiga de seu filho, chamando-o pelo nome. Esgotada com toda aquela emoção, a velha senhora entrou no carro.

No caminho, a motorista sugeriu à velha senhora que entrasse numa farmácia para comprar remédios para o filho, enquanto ela tomava conta de sua bolsa, com o dinheiro retirado do banco.

Quando a velha senhora retornou, o automóvel tinha sumido, e ela ficou esperando em vão.

Decidiu, então, ir à delegacia, onde foi informada de que outras pessoas vulneráveis também foram vítimas do mesmo golpe na Baixa Normandia.

70 ABUSO DE FRAQUEZA E OUTRAS MANIPULAÇÕES

Os vigaristas tinham seguido a vítima e sabiam que ela vivia sozinha. Sabiam seu endereço, seu número de telefone e o nome de seu filho.

Falamos também de roubo por ardil ou delito de falsa qualidade: o escroque se faz passar por uma pessoa de bem, policial, funcionário da companhia de eletricidade, carteiro, para vencer a desconfiança do outro e conseguir que abra a porta. Muitas vezes esses escroques agem em dupla: o primeiro fala com a pessoa sobre um suposto problema enquanto o segundo dá busca na casa.

Comerciantes e prestadores de serviços

Os golpes contra pessoas idosas costumavam ser especialidade de escroques, falsos encanadores ou operários sem qualificação. Hoje, essas pessoas são frequentemente procuradas por comerciantes de empresas estabelecidas que procuram vender-lhes a prazo produtos de que não têm necessariamente necessidade (uma bomba de aquecimento, venezianas etc.) ou as pressionam para que assinem contratos de reforma da residência.

Existem também golpes comerciais que se valem de mudanças tecnológicas ou de regulamentação, como, por exemplo, a obrigação recém-instituída de equipar a habitação com um detector de fumaça. Embora tais aparelhos estejam disponíveis a partir de 15 euros e funcionem com pilhas, esses vendedores vendem aparelhos caros, a prazo, a pessoas idosas sem recursos psicológicos para resistir.

"Orientadores dos correntistas" de banco vendem aplicações milagrosas a longo prazo, e as pessoas veem assim seu dinheiro inutilmente bloqueado. Ou então operários da construção impõem a realização de obras inúteis e as executam de maneira sumária a preço exorbitante.

O sr. X, de 82 anos, vive sozinho numa casinha de subúrbio e é procurado por um vendedor acompanhado de dois operários. Eles afirmam ter vindo para fazer a reforma das instalações elétricas da casa. O sr. X não se recorda de ter assinado contrato para isso, mas o vendedor insiste, garantindo ao idoso que ele se comprometeu, que se não cumprir haverá penalidades e que ele receberá a visita de um oficial de justiça, que confiscará seus móveis. O tom sobe e o sr. X se sente incapaz de resistir. Acaba assinando contrato para o pagamento de 36 mensalidades.

Seitas

Esses golpes também podem envolver movimentos sectários. A Miviludes (Missão Interministerial de Vigilância e Luta contra Abusos Sectários) advertiu várias vezes os poderes públicos sobre a crescente influência das seitas em pessoas de idade avançada. Elas podem estender sua ação ao domicílio das pessoas idosas ou a casas de repouso, seja diretamente, junto aos residentes, seja manipulando os cuidadores. Apresentam-se como auxiliares voluntários ligados a uma associação, às vezes com terapeutas prometendo cura ou bem-estar. Essas atividades, malregulamentadas, constituem uma porta de entrada ideal para as seitas, visando, antes de mais nada, a captação de heranças. Voltaremos ao tema num capítulo posterior.

Prestadores de serviços e falsos amigos

Quando uma pessoa idosa ou debilitada por doença está geograficamente isolada da família, pode acontecer que pessoas gananciosas e sem escrúpulos tentem enriquecer a suas custas ou mesmo despojá-la de seus bens. O objetivo é conseguir cheques, doações ou ser nomeado legatário universal.

Trata-se quase sempre de indivíduos que se imiscuíram na vida da pessoa idosa, seja em seu domicílio ou num estabelecimento especializado, e que assim se tornam indispensáveis por sua presença ou os pequenos serviços que prestam. Podem ir da empregada doméstica, do enfermeiro ou de supostos amigos que aos poucos vão impondo sua presença até pessoas desfrutando de uma posição de autoridade, como o médico, o tabelião ou um advogado. Uma pessoa idosa se afeiçoa aos que a cercam, e, para recompensá-los, começa por dar pequenos presentes (dinheiro, depois uma joia ou um cheque), e mais adiante um cheque mais polpudo, para pagar um empréstimo, por exemplo. Aquele que abusa justifica seu pedido invocando a ausência da família, ou, no caso de visitas regulares de parentes à pessoa idosa, tenta afastá-los, desqualificando-os: "Eles não se esforçam muito para vir vê-lo!", "O senhor não pode contar com eles!".

Os autores de abuso se aproveitam do isolamento do sujeito para estabelecer uma influência afetiva que o levará a defendê-los. Em caso de queixa judicial, eles se protegem argumentando com o consentimento da pessoa lesada: "Eu não o(a) forcei, ele (ela) queria me agradar!"

Supostos amigos também podem, ao visitar alguém que sofra de pequenos distúrbios de memória, como no mal de Alzheimer,

AS PESSOAS VISADAS

se aproveitar de uma sesta ou de um momento de cansaço para se apropriar de objetos de valor. Basta em seguida dizer que o objeto já não estava ali havia muito tempo.

Em caso de suspeita de abuso de fraqueza, as pessoas mais próximas é que habitualmente reagem primeiro. Constatam que o parente não se comunica mais com eles, não confia mais e não se cansa de elogiar uma pessoa estranha. Não o reconhecem mais. Como saber se se trata de um processo ligado ao envelhecimento ou de uma tentativa de dominação de um indivíduo inescrupuloso? Quando a família tem a impressão de que um parente idoso se mostra inusitadamente generoso com um estranho ou que estão desaparecendo objetos ou dinheiro, tenta numa primeira etapa alertar a pessoa vulnerável e adverti-la, pedindo que reveja sua avaliação ou suas decisões. Mas isso será em vão se a pessoa já estiver sob dominação. Essa etapa de negociação pode durar muito, não raro vários anos, durante os quais os parentes veem a pessoa sendo manipulada ou sofrendo golpes sem conseguir protegê-la.

Se a dominação persiste, a pessoa manipulada pode muito bem acabar rejeitando a família: "Se estão me advertindo, não é pelo meu bem, como afirmam, mas porque querem a minha herança!", ou então: "Eu sou livre, com que direito querem controlar minha vida!?", "Minha família acha que estou gagá!", ou ainda: "São uns gananciosos, estão de olho na minha herança!". Tais afirmações não chegam propriamente a surpreender, pois nas pessoas idosas com muita frequência são constatados pequenos traços paranoicos, com ideias de prejuízo material.

74 ABUSO DE FRAQUEZA E OUTRAS MANIPULAÇÕES

Em janeiro de 2007, quatro cidadãos reputados de Bordeaux foram convocados pela justiça, sob a acusação de abuso de fraqueza contra pessoa vulnerável, abuso de confiança e formação de quadrilha. Estavam sob suspeita de terem tentado roubar, entre 2004 e 2007, Jeanine Terrasson, octogenária sofrendo do mal de Alzheimer. Essa senhora, viúva e sem filhos, tendo como herdeiros apenas dois sobrinhos com os quais não se entendia, era proprietária de várias casas e apartamentos, tinha contas na Suíça e possuía uma coleção de objetos de arte avaliados em vários milhões de euros.

Foi inicialmente o tutor que se preocupou com o desaparecimento de móveis e objetos de arte da casa da velha senhora. Os acusados se apresentavam como benfeitores de Jeanine Terrasson, afirmando protegê-la da pilhagem de seus bens por parte dos que a cercavam. Mas o fato é que, em abril de 2005, a vidente Nicole Dumont tornou-se em dois meses herdeira universal da velha senhora, que já apresentava sinais diagnosticados do mal de Alzheimer.

Três anos de prisão foram pedidos contra dois dos quatro acusados, e penas com *sursis* contra os dois outros. Nesse caso, tudo indicava que a vidente era uma manipuladora com forte ascendência sobre os corréus.

Mas quase sempre as famílias só descobrem que o falecido favoreceu um "estranho" quando o testamento é aberto. A família de Charles Trenet veio a contestar o testamento no qual o cantor legava todos os seus bens ao secretário particular.

AS PESSOAS VISADAS

A família e os parentes

Ao lado dos maus-tratos financeiros partindo de terceiros, não devemos esquecer as manipulações dos membros da família, pois são as mais frequentes. A coisa começa com visitas remuneradas: "Quando eu for aí, será que não podia me fazer um empréstimo, pois não estou conseguindo pagar o aluguel?", vindo em seguida abusos de procuração, desvios de pensões de aposentadoria. Esses maus-tratos muitas vezes são ocultados: a pessoa idosa se encontra em estado de dependência em relação ao agressor e muitas vezes prefere fechar os olhos e ser espoliada a se ver privada das visitas daquele ou daquela que muitas vezes constitui seu único vínculo afetivo.

Às vezes também são observados conflitos entre os herdeiros, que antes mesmo do falecimento do parente idoso brigam pela fatia mais polpuda da herança ou até por antecipar a sucessão. Como conseguir abrir caminho em meio a sedução, manipulação, mentira?

Na família X, o filho mais moço, atualmente desempregado e recém-divorciado, foi morar com os filhos na casa de sua mãe, vivendo às suas custas. Ocupou a casa e valeu-se da conta bancária da mãe para promover obras que atendiam a suas próprias expectativas, fazendo uso frequente do seu talão de cheques para suas despesas pessoais. As duas irmãs, que moravam longe e trabalhavam muito, queixavam-se de não ter mais acesso à mãe. Só conseguiam vê-la na presença do irmão.

A mãe estava em excelente forma física, mas tinha discretas falhas de memória e se confundia com números quando se tratava das faturas que pagava: "Não é grave, meu filho cuida de mim." Quando elas se queixavam do lugar que ele passou a ocupar, a mãe as acusava de mesquinharia e ciúme. E concordava com tudo que o filho dizia.

Uma das filhas, tendo sugerido uma tutela, praticamente foi posta para fora pela mãe: "Eu não estou louca!"

Trata-se aqui de manipulação? Com certeza. Mas seria grave? Depende do ponto de vista. As filhas sentem-se lesadas. Lembram-se de uma situação muito mais antiga: a mãe sempre quisera ter um menino, e nitidamente dava preferência ao filho. Ele sempre se aproveitou disso, não estudou e passou a contar invariavelmente com a ajuda financeira da mãe.

Encontramos situações semelhantes nas famílias recompostas. Com muita frequência, com efeito, os filhos do último casamento, mais próximos e mais jovens, são nitidamente favorecidos, em detrimento dos primeiros filhos.

No cerne das queixas por abuso de fraqueza existe frequentemente um conflito mais antigo entre pai ou mãe e filho. Pode ser às vezes um pai ou uma mãe que não soube amar suficientemente um filho, ou então um genitor que nitidamente favoreceu um(a) filho(a) preferido(a), estando invariavelmente envolvido um descendente que não se sentiu amado.

A compensação através do dinheiro é outra coisa que está sendo resolvida, pois diante da morte as problemáticas infantis de cada um são reativadas: "Papai, você nunca cuidou de mim porque estava sempre preocupado em ganhar dinheiro, e agora esse dinheiro me pertence, para me compensar do amor que nunca me deu."

AS PESSOAS VISADAS

Outras vezes, futuros herdeiros não suportam que o pai idoso dilapide o que já lhes parece constituir seu patrimônio. Mas não é normal que uma pessoa no fim da vida deseje fazer algumas loucuras antes que seja tarde demais?

Como distinguir um verdadeiro abuso de fraqueza de um conflito ou de um desentendimento familiar?

Sylvie Uderzo, filha única do desenhista que juntamente com René Goscinny foi o criador de *Astérix*, moveu ação contra X, suspeitando de abuso de fraqueza das pessoas que cercavam seu pai. Segundo ela, elas forjavam uma estratégia de distanciamento e ruptura entre os dois.

Magoado com a iniciativa da filha, Albert Uderzo manifestou sua infinita tristeza, considerando que Sylvie e o marido não tinham se conformado com seu afastamento em 2007 da direção da editora Albert-René. "Desde então, eles me perseguem judicialmente, com inúteis ações contra mim e minha mulher."

Resposta da filha: "Eu assumo a iniciativa dessa ação. Nunca disse que meu pai estava senil. Recuso-me a atacá-lo. Mas ele está doente. Dilapida sua fortuna. Meu patrimônio está indo parar nas mãos de terceiros. Ele está cercado de um monte de pessoas que se servem à vontade, em detrimento dos meus filhos (...). Por amor ao meu pai, que me tomava por uma imbecil, eu não estudei. Queria desenhar. Mas ele dizia que eu não tinha talento. (...) Afirmava sempre que queria transmitir sua obra à filha e aos netos. Compramos gato por lebre."[1]

---

[1] *Le Nouvel Observateur*, 9 de junho de 2011, nº 2.431.

Maus-tratos

Ao lado dos maus-tratos financeiros, quanto mais dependente for a pessoa, maior será o risco de evolução para o despotismo, a violência verbal e psicológica, e até a violência física. Devemos estabelecer uma distinção entre a negligência que não é intencional e os abusos cometidos voluntariamente. Os casos de negligência podem ser ativos, como nas decisões autoritárias sobre o local de residência, nos encarceramentos disfarçados, nos aprisionamentos à cama e nos excessos de medicamentos para evitar que o idoso vague sem rumo; e outros são passivos, como na falta de cuidados ou no abandono.

O responsável pelos maus-tratos é quase sempre um parente próximo, filho, cônjuge, tendo uma relação de dependência financeira com a pessoa idosa, mas também existem casos de maus-tratos institucionais por falta de pessoal. Esses maus-tratos vão se estabelecendo de maneira progressiva e são difíceis de denunciar, pois a vítima pode estar afetivamente ligada àquele ou àquela que a maltrata, sobretudo quando se trata de um filho. Muitas vezes a pessoa idosa prefere guardar segredo, pois tem vergonha do comportamento daqueles que criou.

Nem sempre é fácil encontrar soluções que respeitem as escolhas do sujeito e não desequilibrem brutalmente seu meio de vida.

Medidas de proteção

Para proteger as pessoas vulneráveis, consideradas "impossibilitadas de cuidar sozinhas de seus próprios interesses" (em virtude da alteração de suas faculdades mentais ou físicas), existem vários dispositivos jurídicos.

AS PESSOAS VISADAS

A *salvaguarda da justiça* é uma medida de proteção jurídica provisória e de curta duração que permite a representação de uma pessoa maior de idade temporariamente incapacitada. Também se aplica a indivíduos que precisam de proteção imediata, na expectativa do estabelecimento de uma tutela ou curatela.

A *curatela* é uma medida judicial destinada a proteger um adulto que, sem estar em condições de agir, precisa ser aconselhado ou controlado de maneira permanente nos atos importantes da vida civil. Existem vários graus de curatela:

— *curatela simples*: a pessoa efetua sozinha os atos de gestão corrente (os chamados atos de administração ou atos conservatórios. Por exemplo: administrar a própria conta bancária, contratar um seguro), mas precisa de assistência do curador nos atos mais importantes (os chamados atos de disposição, como, por exemplo: o curador deve autorizar um empréstimo e assinar o contrato com a pessoa).

— *curatela modulada*: o juiz pode enumerar a qualquer momento os atos que a pessoa pode efetuar sozinha ou não, caso a caso.

— *curatela reforçada*: o curador recebe os recursos da pessoa e cuida das despesas, numa conta aberta em nome dela.

A *tutela* é certamente a medida judicial mais pesada, pois a pessoa perde o exercício de seus direitos e é representada em qualquer ato por um tutor.

Quando uma pessoa idosa ou vulnerável não administra mais as próprias contas, enganando-se no número de zeros nos cheques ou mostrando-se demasiado pródiga, os que lhe são próximos podem dirigir-se ao juiz de tutela por solicitação escrita, acompanhada de um atestado médico detalhado, assinado por um médico integrante de uma relação divulgada pelo procurador da República.

80 ABUSO DE FRAQUEZA E OUTRAS MANIPULAÇÕES

A iniciativa leva primeiro que tudo a um ato de proteção judicial, e em seguida o juiz de tutela decide, após entrevista com o interessado e exame dos atestados médicos, sobre as medidas de proteção mais adequadas.

No caso de tutela, o juiz nomeia um mandatário judicial ou tutor. Se a pessoa tem um único herdeiro ou a família está unida e de acordo, o tutor pode ser um membro da própria família, mas em metade dos casos o juiz confia essa missão a um mandatário exterior. Um tutor tem muitos poderes. Tomando posse do talão de cheques, do cartão de crédito e do dinheiro, administra as rendas e bens do maior vulnerável e lhe concede um valor mensal. O interessado ou interessada não tem mais acesso a suas contas, como tampouco sua família. Nada mais lhe pertence; ele perde seu poder de decisão e todos os seus direitos cívicos. A princípio, a tutela limita-se à gestão do patrimônio, mas dessa forma a pessoa é controlada em todos os atos da vida corrente e mesmo em sua vida íntima, já que deve prestar contas sobre tudo. Em reportagem no canal de TV France 3, Arlette Monnier, senhora de 79 anos que durante vários anos ficou sob tutela abusiva, resume: "Sob tutela, nada mais nos pertence."

Para decidir sobre uma tutela ou curatela, o juiz só pode basear-se em constatações médicas. Se a pessoa a ser protegida se recusa a qualquer exame de saúde, como fez várias vezes Liliane Bettencourt, o procedimento torna-se muito mais complicado. É necessário então mandar por escrito um relato descritivo circunstanciado ao procurador da República incumbido das questões civis do local de residência da suposta vítima, e ele pode então designar um médico cujo nome conste de uma lista de especialistas. Se a pessoa se recusa a receber o médico, este envia ao procurador um certificado de carência. Se o juiz de tutela persistir na recusa, existe a possibilidade de recorrer da decisão. Logo se vê que se trata de um procedimento longo e constrangedor, durante o qual o estado da pessoa idosa se degrada.

A princípio, o mandatário judicial deve apresentar suas contas anualmente ao juiz de tutela. O que no entanto é materialmente impossível, primeiro porque os juízes de tutela não são especialistas em contabilidade, e depois porque são em número insuficiente.

A proteção de pessoas vulneráveis foi reforçada pela lei de 5 de março de 2007, que entrou em vigor em janeiro de 2009. Agora, o protegido deve ser consultado sobre as decisões relativas à sua pessoa e a seu modo de vida, os juízes de tutela são obrigados a reconsiderar as medidas judiciais de cinco em cinco anos e um controle mais constante das contas é contemplado para identificar movimentações bancárias duvidosas ou despesas suspeitas. Infelizmente, a carência de recursos e a falta crônica de pessoal fazem com que ocorram abusos frequentes. Embora existam tutores que cumprem sua missão com todo respeito pela pessoa protegida, persistem abusos de poder, malversações, espoliações. Em seu relatório de 9 de fevereiro de 2011, Jean-Paul Delevoye, ex-mediador da República, fala de maus-tratos financeiros por parte de certos mandatários judiciais.

Sem chegar à espoliação, muitos tutores não dedicam a menor atenção aos protegidos e se limitam a uma gestão unicamente contábil e de modo algum humana. Não levam em consideração seus desejos ou os obrigam a viver com o mínimo de dinheiro, muito embora sejam proprietários de bens.

Jeanne, 82 anos, ex-pesquisadora, proprietária de seu apartamento, recebia uma boa aposentadoria, mas não

82 ABUSO DE FRAQUEZA E OUTRAS MANIPULAÇÕES

tinha parentes próximos. Tendo sofrido uma queda, ela foi hospitalizada, e durante a internação apresentou um quadro de confusão que revelou um estado depressivo latente. Uma medida de proteção foi solicitada, e o juiz de tutela nomeou uma tutora ligada a uma associação.

Infelizmente, Jeanne não era a única protegida dessa tutora, que só foi ao seu encontro uma vez, no hospital. Ela a instalou numa casa de repouso sem perguntar sua opinião e restringiu seu modo de vida. O pouco dinheiro que passou então a lhe ser fornecido mensalmente não lhe permitiu manter as assinaturas de diferentes revistas científicas que lhe ajudavam a conter seu declínio cognitivo. Ela não pôde mais dar pequenos presentes aos amigos e aos filhos dos amigos, o que era sua maneira de manter vínculos.

Como Jeanne não tinha herdeiros diretos, que mal haveria em permitir que gastasse seu dinheiro como bem quisesse? Qual a necessidade de autorizar que uma mulher que ainda não a conhecia havia seis meses passasse a decidir a maneira como ela deveria viver?

Como se vê, colocar alguém sob tutela é uma decisão grave. A posse abusiva constitui um atentado à liberdade individual e à dignidade da pessoa. O único motivo válido para que alguém seja posto sob tutela é a alteração das faculdades mentais ou físicas, e certamente não um modo de vida atípico ou mesmo que incomode.

Tomemos o exemplo da síndrome de Diógenes. Trata-se de um distúrbio de comportamento de pessoa idosa, levando-a a viver em grande isolamento social, às vezes em reclusão, negligenciando a higiene corporal e acumulando objetos variados e dejetos. Em que momento se deve recorrer a uma medida de proteção? Quando um indivíduo começa a se descuidar, a acumular jornais velhos e objetos diversos, quando os vizinhos sentem mau cheiro? Cabe supor que, numa primeira etapa, sejam suficientes um acompanhamento psicossocial e um eventual tratamento psiquiátrico, mas pode acontecer que membros da família ou pessoas por elas encarregadas se aproveitem para afastar a pessoa de seu local de habitação e espoliá-la de seus bens.

O que mais uma vez coloca a questão dos limites: em que momento se considera que as faculdades mentais de um indivíduo passam a constituir problema?

A história de Jacques e Ludovic

O caso Bettencourt voltou os holofotes para uma disputa familiar que, infelizmente, é apenas uma entre muitas outras. Por um lado, uma mãe idosa apresentando distúrbios cognitivos de evolução progressiva, e por outro, sua filha, desejosa de protegê-la até contra sua própria vontade. Não vamos analisar esse caso, embora os comentários publicados nos meios de comunicação o tenham tornado público. Preferiremos tratar de um caso clínico semelhante, porém mais simples, com menos dinheiro envolvido e menos repercussões políticas.

Jacques, 87 anos atualmente, criou um império no setor dos calçados de luxo a partir da lojinha herdada do pai quando tinha 25 anos. É hoje proprietário de muitos bens móveis e imóveis, sendo sua fortuna avaliada em várias

84   ABUSO DE FRAQUEZA E OUTRAS MANIPULAÇÕES

dezenas de milhões de euros. Embora sua empresa se tenha tornado um grande grupo internacional, ele continua muito ativo e participante em seu funcionamento e desconfia dos assessores, pois sabe que sua imensa fortuna atrai invejosos e gananciosos.

Casado uma primeira vez, ele se divorciou alguns anos depois do nascimento de Ludovic, seu único filho, do qual cuidou pouco, pois voltou a se casar rapidamente com uma top model sul-americana que não suportava a presença da criança. Jacques nunca se entendeu bem com o filho, que não soube cativar um pai indiferente.

Posteriormente, Jacques censurou Ludovic por ser caseiro demais, excessivamente tímido e por não se envolver o sufi-ciente com o futuro da empresa: o filho, segundo ele, gostaria de se aproveitar de tudo sem dar sua devida contribuição.

Após a morte acidental de sua mulher, depois de 35 anos de casamento, Jacques mergulhou num estado depressivo grave, e precisou ser hospitalizado. Aos poucos, ele começou a apresentar pequenos distúrbios cognitivos, sem que se soubesse se decorriam da persistência de seus distúrbios de humor ou de um discreto acidente vascular cerebral, que foi minimizado junto aos acionistas.

Ao deixar o hospital depois de um segundo AVC, ele conheceu uma jovem encantadora, Sylvia, cinquenta anos mais moça e iniciando uma carreira de atriz. Ela era alegre, culta, cheia de vida. Ele a levava a vernissages, à ópera, ao teatro, voltando a ter gosto pela vida. É bem verdade que ela era caprichosa e exigente, pedindo que ele a ajudasse a financiar a compra de um apartamento, fazendo questão de usar roupas de alta-costura, casacos de pele e joias, e ele, como nada podia lhe recusar, atendia a todos os seus desejos, chegando inclusive a lhe fazer uma importante doação. Rapidamente essa mulher se tornou indispensável, convidando seus favoritos e afastando os que não a agradavam.

Foi quando Ludovic apresentou queixa por abuso de fraqueza contra Sylvia acusando-a de ter se aproveitado da fragilidade psicológica do pai para ganhar presentes de luxo, graças a uma dominação psicológica que passou a exercer sobre ele à medida que seu estado de saúde se deteriorava.

Caberia afirmar que se configurava abuso de fraqueza, nos termos do artigo 223-15-2 do Código Penal?

Como vimos, para que uma infração de abuso de fraqueza se constitua, é necessário que sejam caracterizados a vulnerabilidade da vítima e o conhecimento dessa vulnerabilidade pela pessoa processada, e que o ato seja gravemente danoso à vítima.

Alguns depoimentos dão conta de distúrbios cognitivos que Jacques teria apresentado, e sobretudo da concomitância dos presentes mais caros com os períodos em que seu estado de saúde se degradara acentuadamente. Cabe, portanto, supor que Sylvia estava perfeitamente consciente da vulnerabilidade de Jacques.

As pessoas próximas se "dividiram" em dois campos: os que ficaram chocados com a dilapidação de valores tão altos em favor de uma intrigante e os que eram partidários de total liberdade para a pessoa idosa. Uns afirmam que Jacques está perdendo a memória, que não os reconhece mais, outros dão

86 ABUSO DE FRAQUEZA E OUTRAS MANIPULAÇÕES

a entender que o filho está mais preocupado com a perda da herança do que com a saúde do próprio pai. Ludovic acaba desconfiando de todos os que estão ao redor de Jacques, profissionais, cuidadores, advogados, considerando-os como predadores interessados na fortuna paterna.

O envelhecimento normal é uma lenta evolução pontuada por pequenos distúrbios de atenção e mais adiante por momentos de confusão e de perda de memória. Um dos sinais mais frequentemente constatados é a confusão quanto ao valor do dinheiro: mistura de notas ou então engano a respeito de um zero. Nessa evolução, há dias em que ela se manifesta e outros em que não se manifesta. A pessoa idosa pode então controlar esses pequenos distúrbios numa ocasião importante. Por exemplo, não dissimulará seus sintomas na presença dos filhos, mas haverá de se mostrar impecável num encontro com os netos em tempo delimitado. Nesse estágio, as famílias hesitam muitas vezes entre excesso e insuficiência de proteção. A variabilidade dos atestados médicos pode decorrer da variabilidade dos distúrbios, sem excluir a hipótese de que os próprios médicos às vezes estejam influenciados.

O tamanho do patrimônio de Jacques poderia levar a pensar que algumas doações consentidas não lhe seriam danosas. Mas o texto da lei não se limita ao aspecto financeiro. Vimos anteriormente que os juízes podem levar em conta danos morais ou psicológicos, repousando o conceito de vulnerabilidade em critérios de idade, mas também de sujeição psicológica.

Há invejosos que se referem a Sylvia como uma terrível intrigante que já teria esvaziado as contas de vários viúvos. Embora ninguém

AS PESSOAS VISADAS

duvide da influência dessa encantadora jovem sobre Jacques, o questionamento diz respeito à autonomia do velho senhor e, portanto, à sua liberdade de dar consentimento. Voltamos a encontrar aqui o já mencionado debate entre os que preconizam uma liberdade absoluta e filósofos que, em certos casos, recomendam a proteção das pessoas em nome da dignidade. Jacques acaso teria gasto tanto dinheiro se não estivesse mentalmente enfraquecido por um comprometimento cognitivo ou pela influência de Sylvia? Não se pode excluir a hipótese de que ele estivesse perfeitamente consciente da estratégia adotada por ela e tenha livremente aceito fazer-lhe todas essas doações em troca da atenção e da distração que ela podia proporcionar-lhe. Essa escolha pode ser moralmente desaprovada por alguns, mas Jacques tinha toda liberdade de fazê-la.

A queixa de Ludovic contra Sylvia sugere que o velho senhor não estava mais na posse de todas as suas capacidades intelectuais. Esse subentendido é encarado por Jacques como um ataque do filho, o que provoca o rompimento de um vínculo já bem debilitado. O pai ameaça então deserdar Ludovic e mudar os beneficiários dos seguros de vida. Declarado o conflito, a posição de Jacques só podia mesmo se radicalizar, pois ele fora apanhado na armadilha de suas próprias decisões iniciais. Como foi descrito nas técnicas comportamentais de manipulação, as pessoas ficam presas nas próprias armadilhas ao persistir em suas escolhas. Através de um procedimento de autojustificação, Jacques não podia mais negar suas decisões nem atribuir-lhes uma motivação que não fosse sua livre escolha, sob pena de reconhecer sua vulnerabilidade ou sua deficiência intelectual.

Ludovic considera-se lesado e certamente tem razão. A força dos manipuladores está na capacidade de se infiltrar pelas brechas, de revolver sentimentos ocultos (por exemplo, um acerto de contas inconsciente entre um pai e um filho que não corresponde ao filho ideal, ao filho sonhado). Sylvia percebeu essa falha entre Jacques e Ludovic e se aproveitou dela. Apresentou-se então como família de substituição para Jacques, como seu novo e até seu único "verdadeiro" filho, levando-o a se indispor com o filho.

À parte as doações materiais, trata-se muito mais de uma fraude afetiva que levou um sujeito vulnerável a se afastar dos familiares legítimos, ao mesmo tempo provocando uma reação emotiva no filho. Quando um filho vê o pai gastando quantias consideráveis com uma estranha, sendo esta, de forma simbólica, colocada no mesmo plano que um filho legítimo, o ciúme não chega propriamente a surpreender.

O erro de Ludovic, como acontece com a maioria dos parentes num caso assim, foi pretender demonstrar ao pai as evidentes manipulações de Sylvia. Ele não foi capaz de lhe transmitir de outra forma o quanto precisava dele. Em vez de tentar uma reaproximação afetuosa, ele optou pela força, a violência, como se o vínculo com Jacques só fosse possível com o afastamento da jovem. Devia ter-lhe dito que, embora não gostasse de Sylvia, respeitava sua escolha, mas não foi capaz de se eximir de criticá-la abertamente.

2. ABUSO DE FRAQUEZA CONTRA MENORES

A infância é um período de construção da personalidade e também de dependência afetiva, intelectual e psicológica, o que torna os menores extremamente maleáveis e vulneráveis à manipulação.

Alienação parental

No caso das crianças menores, as influências provêm essencialmente do ambiente familiar. É de esperar que nele a criança esteja protegida, mas ela também pode ser manipulada e até destruída psicologicamente por um dos genitores, tentando, num contexto de separação conflituosa, condicioná-la para que rejeite o outro genitor sem a menor justificativa.

Trata-se de abuso de fraqueza porque uma criança é por definição vulnerável, não dispondo dos meios necessários para resistir àquele que procura aliená-la.

Em dezembro de 1998, Xavier Fortin se prevaleceu do direito de visita aos dois filhos, Shahi Yena, 7 anos, e Okwari, 6 anos, sob a guarda da mãe, para sequestrá-los e fugir com eles. Depois de 11 anos de fuga e de uma condenação à revelia em 2005, por "sequestro de menor por ascendente", ele finalmente foi encontrado, graças a uma denúncia, na região de Ariège, sendo obrigado a comparecer ao tribunal de Draguignan. Ao cabo de um processo no qual a mãe não quis acusar o antigo companheiro, Xavier Fortin foi condenado a dois meses de prisão, e libertado, pois já tinha cumprido a pena em detenção preventiva.

Em sua defesa, ele afirmou ter recorrido ao mesmo método que a mãe dos filhos quando eram pequenos, pelo qual ela fora condenada a seis meses de prisão com direito a *sursis*. Para ele, não havia outra escolha senão partir com as crianças, pois elas corriam evidente risco de alienação

90 ABUSO DE FRAQUEZA E OUTRAS MANIPULAÇÕES

se ficassem na casa da mãe. Depois de dez anos de vida em comum, durante os quais os dois pais tinham se entendido sobre um modo de vida marginal e sobre a educação dos filhos, o casal aos poucos assistira à degradação do relacionamento, e Martine, a mãe, passara a desejar uma vida mais convencional. Levara então os dois filhos, de 4 e 6 anos, para um apartamento a mil quilômetros do lugar onde viviam, cortara-lhe os cabelos e os pusera na escola. As crianças tinham reagido muito mal a essa mudança de estilo de vida.

Mais tarde, afirmariam que haviam livremente decidido fugir do domicílio materno para viver com o pai, optando pelo estilo de vida no qual tinham começado a crescer. Se a mãe quisesse vê-los, consideravam, podia perfeitamente fazê-lo. Ambos afirmam não terem sido sequestrados nem manipulados pelo pai: podiam voltar à casa da mãe, se assim quisessem.

Ao reencontrá-la, depois de ficarem sem vê-la durante 11 anos, eles não tiveram qualquer impulso em sua direção e continuaram apoiando o pai, considerando que ele havia sido injustamente preso.

Esse caso pode parecer extremo, mas cada vez mais nos deparamos com acusações de alienação parental nos casos de separação. Como acontece em qualquer queixa por abuso de fraqueza, cada qual se sente vítima do outro, sendo difícil conhecer a realidade do problema. Como esclarecer as coisas?

A síndrome de alienação parental (SAP) foi relatada em 1986 por Richard Gardner, professor de pedopsiquiatria na Universidade

AS PESSOAS VISADAS

de Colúmbia.[1] Ele se referia às perturbações psicológicas de que é acometida uma criança quando um dos genitores efetua nela, de maneira implícita, uma "lavagem cerebral", com o objetivo de destruir a imagem do outro genitor.

O conceito de alienação parental foi muito contestado. Gardner foi extremamente criticado, sendo acusado, com ou sem razão, de afirmações que incitavam à pedofilia. Não pude encontrar textos nesse sentido na bibliografia, não sendo capaz, portanto, de tomar posição a respeito de Gardner. Como psiquiatra, contudo, encontrei alguns pais que, num processo conflituoso de separação, foram rejeitados pelos filhos. Tratei e ainda trato de jovens adultos que, quando menores, "escolheram" deixar de ver o pai ou a mãe, o que provocou neles muito sofrimento e sentimento de culpa.

Naturalmente, cabe ser prudente: como distinguir exatamente uma alienação da legítima rejeição de um genitor abusivo ou que maltrata? Nesse caso, a prioridade é proteger a criança, tomando medidas de afastamento, mas cabe à justiça fazê-lo, e ainda assim a criança deve ter a liberdade de pensar seu apego a esse genitor.

É bem verdade que nos processos de divórcio hoje em dia a expressão alienação parental é invocada por pais ou advogados com facilidade cada vez maior, não raro de forma abusiva, o que constitui outra forma de manipulação não menos grave da criança. "A SAP é um tema explosivo que continua sendo polêmico, pois

---

[1] Gardner, R. A., *The Parental Alienation Syndrome*. Creative therapeutics, Cress Kill, NJ, 1992, 2ª edição, 1998.

92 ABUSO DE FRAQUEZA E OUTRAS MANIPULAÇÕES

envolve tanto o meio judicial quanto o clínico, e isso em contextos de 'guerra parental' nos quais tomar posição é delicado. A justiça reluta em levar para os tribunais um diagnóstico médico sobre um conflito, e os médicos se sentem incomodados de terem de se envolver em histórias de família, que antes parecem da competência da assistência social."[1]

Houve quem enxergasse aí uma problemática opondo os pais às mães. Associações de mulheres reagiram de maneira veemente, temendo que a desculpa da alienação levasse a ocultar casos reais de incesto. Associações de pais denunciaram queixas abusivas de mães empenhadas em afastar o pai. É verdade que a residência dos filhos era sistematicamente confiada às mães, o que tornava mais fácil para elas estabelecer uma dominação sobre a criança, mas isso já é mais raro hoje em dia.

Para aplacar a polêmica, psiquiatras e psicólogos propuseram uma nova definição da alienação parental para incluir a patologia no próximo DSM-V.[2] Eles falam de "perda do vínculo parental", sugerindo a seguinte definição: "Condição psicológica particular de uma criança (normalmente, aquela cujos pais estão envolvidos numa separação muito conflituosa) que se alia fortemente a um dos genitores (o preferido) e rejeita a relação com o outro

---

[1] Goudart, B., *Le Syndrome d'aliénation parentale*. Tese de medicina defendida a 22 de outubro de 2008 na Universidade Claude-Bernard, Lyon I.

[2] DSM-V. Manual de classificação internacional das doenças mentais (atualmente sendo redigido, para publicação em 2013). American Psychiatric Association.

AS PESSOAS VISADAS

(o alienado) sem razão legítima."[1] É com certeza uma definição menos estigmatizante para o genitor que aliena, mas será que, ao deixar de lado a manipulação de que é vítima a criança, não se corre o risco de fazer recair sobre ela toda a culpa?

No sentido etimológico, alienação, *a-lienar*, significa "romper o elo". Trata-se efetivamente de uma manipulação, mas quase sempre inconsciente.

Gardner descreve três etapas da rejeição do genitor pelo filho:

— *Estágio I, leve*: pessoalmente, não o considero como alienação, mas como um processo banal e reversível numa separação conflituosa;

— *Estágio II, médio*: é o progressivo estabelecimento da alienação;

— *Estágio III, grave*: é a alienação propriamente dita.

Separações conflituosas

Durante o processo de divórcio, alguns pais entram em guerra contra o antigo cônjuge, usando inconscientemente os filhos como arma para ferir o outro. Em geral, isso começa antes da separação, com uma chantagem envolvendo a criança: "Se você me deixar, não verá mais as crianças!" Conseguir a guarda tornou-se uma questão importante no processo, e aquele ou aquela que se sente traído ou enganado pelo parceiro pode fazer uma tentativa de recuperar poder

---

[1] Citado por Benoît Van Dieren em reunião em Florença, em abril de 2009, com N. Areskong, E. Bakalar, W. Bernet, P. Bensoussan, W. Boch, C. Dum, A. Hannuniemi, U. Kodjoe e O. Odinetz.

94 ABUSO DE FRAQUEZA E OUTRAS MANIPULAÇÕES

denegrindo o outro diante dos filhos. É uma maneira de restaurar um narcisismo que julga ter perdido na separação.

É bem verdade que as críticas sobre o outro genitor não ocorrem exclusivamente nas separações. Da mesma forma, é normal que num processo de divórcio o conflito seja apresentado de pontos de vista muito diferentes pelos dois antigos cônjuges. Cada um deles reescreve com toda boa-fé sua própria versão dos fatos.

As mães se preocupam quando confiam uma criança muito pequena a um pai que cuidou pouco dela, e por sua vez os pais dizem com frequência que a mãe de seu filho é dependente, angustiada, que não merece confiança. As divergências na educação são ressaltadas: um consulta homeopatas, o outro se apressa a pedir antibióticos ao pediatra; um só quer saber de comida orgânica, enquanto o outro leva as crianças ao McDonald's; um afoga os filhos em atividades extraescolares, o outro os deixa assistir à TV e brincar com video game. As divergências também podem dizer respeito a uma prática religiosa ou à escolha de uma escola.

Nessa etapa, se nenhum dos dois genitores apresenta um temperamento patológico declarado e se as respectivas famílias não reativam o conflito, as coisas tendem gradualmente a se acalmar. É desnecessário e mesmo perigoso falar então de alienação parental, o que pode acarretar desvios processuais de que a criança será a principal vítima. É preciso encontrar apenas um meio-termo justo, evitando, por um lado, atiçar comportamentos de possessividade e simplesmente propondo ajuda psicológica, e, por outro lado, rapidamente tratando de impedir excessos prejudiciais para o menor.

Essa evolução do normal para o patológico deve ser identificada e combatida o mais cedo possível pelos profissionais. Para isso é desejável que os juízes sistematicamente fixem regras precisas sobre

AS PESSOAS VISADAS　　95

as trocas, inclusive telefonemas, e que, aos primeiros sinais de rejeição de um dos genitores, imponham uma mediação, acompanhada de eventuais sanções, se necessário.

Tentativas de alienação

Vejamos um caso que Gardner teria considerado de nível médio:

Françoise decidiu abandonar Luc, seu marido, depois de vários anos de violência psicológica grave: "Eu só ficava para preservar as crianças." Bastava que ela não se mostrasse suficientemente dócil para que o marido a insultasse, invocando o testemunho dos filhos (Louis, 9 anos, e Élodie, 7). Com o passar do tempo, sua saúde se deteriorou. E sobretudo, as crianças tornam-se agressivas entre si e às vezes também com ela.

Depois de uma cena em que Luc mostrou-se mais violento que de hábito, e considerando que as crianças realmente corriam perigo, ela apresentou queixa e iniciou uma ação de divórcio. Alugou um apartamento e negociou com Luc para ficar com os filhos semana sim, semana não. Mas o marido não cumpriu a palavra. "As crianças não quiseram." Durante quase três meses, ela não conseguiu vê-las.

Numa primeira audiência no tribunal, Luc monopolizou a palavra, dizendo ao juiz que sua mulher era louca e que ela destruiu uma família harmoniosa ao partir. Invocou, então, o fato de residir no domicílio da família para pedir a guarda exclusiva. Nessa audiência, Françoise, arrasada, não conseguiu se explicar. O juiz fez recomendações aos pais, estabeleceu que a residência dos filhos era na casa do pai, com o clássico direito de visita de fins de semana alternados para a mãe, e determinou uma mediação familiar.

Exteriormente, Luc se apresentou como um pai corajoso que, em vista do abandono da mãe, cuidou bem de seu filho e de sua filha, conquistando assim o apoio dos vizinhos e dos pais de alunos, dispostos a prestar depoimento em seu favor. Mas a mediação logo foi suspensa, pois, segundo a mediadora, "a senhora era contestada pelo pai em tudo que dizia".

Nas negociações materiais do divórcio, Luc mostrou-se extremamente exigente, e sempre que Françoise resistia, recorria aos filhos: "Mamãe, você tem de atender ao papai!" Exigiu tê-los ainda mais tempo em sua companhia, alegando na presença deles que não são felizes com a mãe.

Na audiência seguinte, Françoise conseguiu relatar o comportamento depreciativo e aviltante de Luc em relação a ela, afirmando que ele continuava a invocar o testemunho dos filhos em tudo e que, periodicamente, a qualquer pretexto dirigia-lhe insultos em seu próprio domicílio.

Luc, por sua vez, requereu a manutenção da guarda exclusiva dos filhos, pois "é a escolha deles": não queriam ver uma mãe que os abandonou. Afirmou que se a mediação familiar fracassou foi exclusivamente porque a mãe moveu um processo contra ele.

O juiz se conscientizou, então, do risco de instrumentalização das crianças, e determinou uma perícia psicológica, decidindo por uma guarda alternada e intimando os pais a flexibilizarem suas posições. Em seguida, ordenou que

Françoise retirasse sua queixa penal, "pois é o que está irritando o senhor e é necessário acalmar as coisas". Françoise acabou obedecendo, mas posteriormente escreveu ao procurador para esclarecer que só retirou sua queixa por ter sido obrigada, não renegando seu conteúdo. O pai foi advertido e a queixa, arquivada.

A cada alternância, quando Françoise recebia os filhos, ocorria inicialmente uma fase de retomada: os dois estavam muito agitados, especialmente Louis, que se mostrava muito agressivo e batia na irmã. Ao proteger a menina, Françoise é que passava a receber os pontapés. No entanto, à noite, na cama, Louis chorava, pedia ajuda e carinhos à mãe. Nos dias seguintes, à parte algumas pequenas crises de Louis, as crianças se mostravam gentis e afetuosas com ela.

A pretexto de que a mãe nunca era encontrada, Luc deu um celular a Louis, telefonando diariamente para mantê-lo informado do andamento do processo: "As crianças precisam saber de tudo." O menino se mostrou então muito agressivo, irritando-se com a irmã, molestando-a e empurrando-a: "Vou te matar!" Quando as crianças estavam na casa do pai, em compensação, era sempre Luc que atendia quando Françoise telefonava. Invariavelmente, dizia que as crianças estavam ocupadas. Se ela insistia, ele chamava os filhos, que afirmavam não querer falar com a mãe.

Françoise constatou que, com o passar do tempo, as lembranças dos filhos iam mudando em relação à separação. Quando ela estava em casa, diante da violência do pai, os dois diziam: "Mamãe, você tem de ir embora!" Depois do divórcio, era: "Mamãe, você tem de voltar, o papai mudou!" E agora: "Mamãe, por que você foi embora? O papai é tão bonzinho. Você é que fica inventando histórias!"

Os pais foram convocados ao psicólogo encarregado da perícia, primeiro separadamente com os filhos, depois todos juntos, e de novo em separado. Luc foi o primeiro. Ao chegar a vez de Françoise, Luc, não tendo sido convocado, juntou-se a eles na sala de espera para recomendar aos filhos: "Falem com o coração!" Na presença do psicólogo, Louis disse: "Não quero ir com a mamãe, ela é chata e maluca!" Élodie acrescentou: "Na casa da mamãe é chato, na casa do papai a gente se diverte."

Françoise ficou arrasada. Aquele jogo era desleal demais: "Eu não fico difamando o pai, é muito desigual. Ele não se envergonha de fazê-lo, e com isso conquista as crianças." Mas ela não sabia como agir, temendo reativar a violência de Luc: "Se eu bater de frente, as crianças é que vão sofrer. Sou obrigada a contornar as situações."

Um ano depois da partida de Françoise, o psicólogo entregou seu relatório ao juiz. Constatou que as crianças apresentavam sinais de distorção psicoafetiva, que não tinham pensamento autônomo e constantemente buscavam a aprovação do pai. Segundo ele, o caráter dominador deste não lhes dava outra opção senão submeterem-se e reproduzirem ao pé da letra o discurso de desqualificação do pai em relação à mãe.

Constatou também que as crianças eram doutrinadas por Luc: se queriam passar mais tempo com ele era porque seu comportamento de descrédito fragilizara a posição materna.

AS PESSOAS VISADAS

Segundo ele, estabelecer a residência na casa da mãe poderia aumentar a agressividade do pai e gerar um bloqueio dos filhos. Tudo indicava, assim, que por enquanto a residência alternada fosse a solução menos ruim.

O juiz ameaçou estabelecer a residência na casa da mãe se Luc não se acalmasse, ordenou que os pais se comunicassem exclusivamente por e-mail ou SMS, que os filhos telefonassem em noites alternadas ao genitor com o qual não estivessem e que ambos deixassem Louis e Élodie telefonarem ao outro sem estar presente no mesmo ambiente. Também determinou acompanhamento psicológico para as crianças.

Seria o suficiente?

Um genitor que aliena tem como objetivo, portanto, afastar o filho do outro genitor e de sua família. Pode fazê-lo controlando as trocas com grande rigidez quanto aos horários de visita, recusando-se a chegar a um acordo em caso de problema prático ou alterando constantemente as datas de férias para criar dificuldades para o outro genitor. Pode também eximir-se de transmitir informações escolares ou sobre os hábitos de lazer. O objetivo é controlar a criança, mas também o outro genitor.

Desse ponto de vista, o uso do telefone é uma questão polêmica em muitos casais separados: o genitor que aliena tende a controlar as comunicações do filho, filtrar suas mensagens ou então invadir o espaço do outro com telefonemas incessantes, ou mesmo não tolerando seus telefonemas para saber notícias dos filhos. Os celulares se transformaram em instrumentos terríveis, constituindo uma espécie de cordão umbilical eletrônico que liga os pais ao filho e lhes permite manter um controle permanente.

100 ABUSO DE FRAQUEZA E OUTRAS MANIPULAÇÕES

* * *

Conscientemente ou não, o genitor que aliena procura atrair o filho desqualificando o outro com pequenos toques. Pode recorrer a comentários pérfidos, dando a entender que o outro é mentiroso, que comete atos desonestos, não é confiável, que representa um perigo para a criança: "Do jeito que o seu pai bebe, não pode mesmo cuidar de você!" Pode também dar uma interpretação negativa de tudo que o outro genitor faz: "Sua mãe mudou de parceiro mais uma vez; depois de depenar o último, encontrou outro otário!" Ou então dar uma versão mentirosa da história do casal, para levar o filho a concluir que o outro genitor é o único errado: "Sua mãe esvaziou nossas contas bancárias para ir embora com outro homem!", ou: "Seu pai é violento; se não fosse eu, teria ido parar na cadeia."

O dinheiro muitas vezes toma a frente. A criança pode ouvir que não está certo que vá à casa do pai (da mãe), pois ele (ela) não pagou a pensão alimentícia. O menor também pode ser manipulado e pressionar o outro genitor para que gaste mais: "Sua mãe diz que não tem dinheiro para mandá-lo esquiar, mas na verdade está cheia da grana!"

O genitor que aliena também pode apelar para a sedução, sobretudo com adolescentes, prometendo presentes, concordando com todas as exigências ou se eximindo de estabelecer limites.

Embora os filhos adolescentes de Jérôme devessem passar metade das férias escolares com ele, por determinação do juiz, a mãe sistematicamente oferecia viagens maravilhosas ao exterior. Os filhos, então, apelavam ao pai, dizendo que preferiam viajar aos Estados Unidos, que era indispensável para melhorar o inglês, e Jérôme ficava sem vê-los o verão inteiro.

Um genitor que aliena pode estabelecer uma cumplicidade doentia com o filho, tratando-o como um igual, colocando-o no lugar do ex-cônjuge, pedindo sua opinião a respeito de tudo, mantendo-o a par do andamento do processo. A criança fica lisonjeada, seduzida, e não consegue resistir.

Desde a separação dos pais há um ano, Élodie, 10 anos, vive sozinha com o pai. Ele a mantém informada sobre o divórcio e lhe entrega partes do processo para leitura, tendo explicado que é perfeitamente normal que sua mãe seja punida pelo juiz, já que, ao partir, ela destruiu uma família harmoniosa. Quando uma peça do processo está faltando, a menina critica a mãe. Quando Élodie volta de sua casa após as visitas quinzenais de fim de semana, faz um relato ao pai sobre a maneira como a mãe leva a vida, os amigos com quem se encontra etc. A menina acha tudo isso perfeitamente normal.

Mas a manipulação mais eficiente de uma criança ainda é a chantagem afetiva para conseguir seu amor exclusivo. O genitor se mostra extremamente infeliz, posa de vítima do ex-cônjuge e pode até ameaçar se matar. Como os filhos têm espontaneamente um impulso reparador, apoiam aquele ou aquela que parece sofrer mais com a separação, criticando o suposto responsável por esse sofrimento.

Também se pode chegar a denúncias abusivas de violência física ou sexual. Com base em fatos mínimos ou falas ambíguas da criança,

102 ABUSO DE FRAQUEZA E OUTRAS MANIPULAÇÕES

um genitor ansioso pode interpretar determinada situação como uma agressão do outro contra o filho. Não se trata nesse caso de mentiras do adulto angustiado, mas de um processo inconsciente focado em seus medos. Entretanto, se alguém de suas relações ou um advogado bota lenha na fogueira, tem início uma escalada: a criança será interrogada na delegacia de proteção ao menor, que tentará obter fatos e analisará a situação. Em função dos elementos obtidos, o direito de visita do genitor suspeito será suspenso, talvez sem motivo, ou então a criança poderá continuar a vê-lo, e nesse caso o genitor que suspeita se sentirá tentado a "proteger" o filho ou a filha, deixando de levá-lo(a). Este então é que vai incorrer em eventuais sanções judiciais.

Ante tais acusações, é necessária muita prudência. Claro que o menor deve ser protegido, mas também é preciso entender antes de denunciar.

Ao voltar de um fim de semana na casa do pai, Adrien, 11 anos, apresentou longas marcas vermelhas nas costas. Ele nunca se entendeu bem com o pai, que é colérico e sempre se mostrou muito rigoroso em relação aos resultados escolares. A mãe imediatamente conclui que o pai açoitou o filho, que não desmentiu. Tratou então de tirar fotos e foi à delegacia de proteção ao menor. Seguiu-se uma investigação pesada para o pai, mas também para o menino.

O resultado apontou, no entanto, que se tratava de uma alergia a grama. O pai pedira a Adrien que o ajudasse a desmatar um terreno baldio.

AS PESSOAS VISADAS

Quando tem início a alienação parental, é essencial reagir com rapidez, pois quanto mais o tempo passar, mais a criança ficará em simbiose com o genitor que aliena — que também conta com a lentidão da justiça —, ao passo que o outro se torna um estranho. É importante que, a partir da menor suspeita de alienação, os juízes imponham rapidamente uma mediação, ou seja, em questão de semanas, e não de meses. Para que isso surta efeito, o mediador precisa ser apoiado pela autoridade do tribunal, impondo-se, em caso de fracasso, uma ameaça de prisão ou de transferência do direito de guarda para o outro genitor. Isso teria pelo menos o mérito de desculpabilizar a criança, que poderia ver os dois genitores, a pretexto de evitar que o pai (a mãe) que aliena fosse encarcerado(a).

Pode acontecer de o genitor se apresentar ao juiz com depoimentos de testemunhas e, às vezes, até atestados médicos afirmando que a criança fica angustiada com a perspectiva de ir para a casa do outro genitor. Nesse caso, em vez de aceitar a manobra da criança, mais vale prescrever entrevistas com um psicólogo, para entender onde se origina essa apreensão.

O genitor rejeitado muitas vezes precisa de apoio psicológico para resistir e não ter reações descontroladas, mas em compensação costuma ser inútil recomendar uma terapia para o genitor que aliena, pois ele não tem consciência de representar um problema. Para ele, tudo é causado pelo ex-cônjuge. Ele só é capaz de entender sanções punitivas. Para a criança, um acompanhamento psicoterapêutico é essencial, mas apenas se for proposto a tempo, pois quando ela estiver completamente sob a dominação do genitor alienante vai recusar tudo que possa matizar a situação ou expô-la sob outro ângulo.

104   ABUSO DE FRAQUEZA E OUTRAS MANIPULAÇÕES

Os psiquiatras e psicólogos devem ser prudentes, cuidando de não estigmatizar o genitor problemático para lhe dar uma chance de mudar de atitude, mas um juiz pode e deve mostrar-se mais diretivo. Cabe a ele tomar medidas quando um genitor é abusivo e dizer à criança que conviver com os dois genitores e respeitá-los é uma obrigação, exatamente como a educação.

Alienação grave

Quanto mais o tempo passa, mais o conflito se cristaliza e mais difícil é voltar atrás. Gradativamente, o vínculo entre a criança e o genitor rejeitado se degrada, e a partir de um certo momento este último passa a se comportar de maneira muito mais radical que o genitor alienante.

Alice tem 48 anos e três filhos, dois deles maiores. Ela conheceu Bertrand, seu marido, quando estudavam na mesma faculdade. Ao concluir seus estudos, Bertrand começou a exercer como autônomo sua profissão de contador, pedindo a Alice, que ainda não concluíra os seus, que o ajudasse em seu escritório.

Pouco tempo depois, Bertrand começou a se mostrar violento psicologicamente em relação a Alice, depreciando-a, humilhando-a em casa, na presença dos filhos. Pelas aparências exteriores, em compensação, ele era o marido perfeito, invejado pelas amigas de Alice. E além do mais era um cidadão prestigiado, membro de várias associações.

Com o passar dos anos, especialmente depois do nascimento do último filho, a violência de Bertrand só vem a aumentar: Alice era periodicamente espancada. Não tinha mais energias para se defender e aos poucos foi caindo num estado depressivo crônico. Sem trabalhar, ela hesitava em partir, pois dependia financeiramente do marido e sentia culpa em relação aos filhos.

Finalmente, certo dia, sofrendo espancamento ainda mais violento do marido e aconselhada por uma associação, ela mostrou seus ferimentos e tomou a decisão de fugir sozinha, sem o filho menor.

Começou então para ela um árduo percurso judiciário, entre o JAF (juiz da vara de família), o juiz de menores e o tribunal penal.

Como a mãe era depressiva, estava desempregada e morava num conjugado em outra cidade, o filho pequeno foi confiado ao pai. Teoricamente, tinha direito de visita dos três filhos em fins de semana alternados, mas as filhas se recusaram a voltar a vê-la, pois "sua mãe tinha destruído a família" ao ir embora. Ela foi autorizada a ver o filho de 13 anos um domingo por mês, mas ele a visitava de má vontade e sempre se atrasava. No restaurante, quando almoçavam juntos, ele passava a maior parte do tempo ao telefone com o pai, sem olhar para a mãe.

Durante o processo penal, uma das filhas prestou depoimento contra a mãe, retomando o discurso paterno: "Minha mãe tinha crises de histeria nas quais se mutilava. Todas as acusações que ela fez contra o meu pai não passam de mentiras."

No julgamento do recurso, todavia, a perícia demonstrou que os ferimentos constatados em Alice, de modo algum, poderiam resultar de automutilação, e Bertrand foi condenado a seis meses de prisão com *sursis*. As filhas, contudo,

106 ABUSO DE FRAQUEZA E OUTRAS MANIPULAÇÕES

continuaram recusando qualquer contato com a mãe, e apesar de várias queixas pela não apresentação do filho, ele sempre encontrava pretextos para não ir vê-la. Posteriormente, o pai se mudou e transferiu o filho de escola sem avisar a mãe, o que era absolutamente ilegal, e ela ficou, assim, sem qualquer notícia dos filhos.

Finalmente, quatro anos depois, Alice ganhou o processo por não apresentação do filho. Mas eis o que declarou o juiz no último julgamento:

"X está para completar 17 anos. Já se constatou que, não obstante as diferentes decisões tomadas, a retomada de relações regulares e confiantes entre a sra. A. e seu filho não foi possível, em especial porque X está completamente preso ao discurso do pai a respeito da mãe. Nesse sentido, é revelador que X sinta uma tal obrigação de lealdade e transparência para com o pai, no que diz respeito ao relacionamento com a mãe, que todos os e-mails por ela enviados ao filho estejam na caixa de correio do pai. A solicitação, feita pela mãe, de exercício exclusivo da autoridade paterna e fixação da residência de X em seu domicílio é manifestamente irrealista."

Temos aí a constatação de um fracasso. Com efeito, na etapa da SAP, é quase impossível estabelecer um vínculo com o genitor rejeitado e impor a retomada de relações normais.

Quando esses filhos chegam à idade adulta, raramente se aproximam do genitor rejeitado. Alguns conseguem desvincular-se do genitor que aliena, mas muitas vezes se refugiam no fim do mundo — uma maneira de romper com os dois pais, para se certificarem

AS PESSOAS VISADAS

de não precisar mais uma vez escolher um deles. Se se conscientizarem de que foram manipulados, transformados em cúmplices de uma grande injustiça, terão de conviver com um pesado sentimento de culpa.

Consequências na criança

Uma criança precisa de vínculos de afeição com os dois pais, e assim, quando um deles tenta manipulá-la, não consegue entender e procura, antes de mais, nada evitar o conflito e acalmar as coisas. Entretanto, não tem liberdade de escolha, pois é dependente deles, e ainda mais daquele que se apresenta como todo-poderoso. Ela sente perfeitamente que se não atender a sua vontade será rejeitada.

Esboça-se nela, então, um conflito de lealdade. A criança se vê na impossibilidade de decidir entre duas soluções envolvendo seu amor a cada um dos pais, o que acarreta extrema tensão e uma grande angústia. Em dado momento, para sofrer menos, sua única solução consiste em aderir ao campo do genitor que aliena, ou seja, àquele em que a pressão é mais forte, seja porque o pai (ou a mãe) lhe infunde medo ou porque pareça em maior sofrimento. A criança vai então aprender a dizer a verdade que convém. Os mais crescidos começarão por tergiversar, tornando-se diplomáticos, controlando o que dizem, filtrando as mensagens, para em seguida aprender a mentir, a modular seu discurso em função das supostas expectativas do genitor dominante.

Como vimos a respeito das técnicas de envolvimento no capítulo anterior, a manipulação se faz de maneira sutil e inconsciente, por não ditos ou insinuações. Ela incita a agir no sentido pretendido

108   ABUSO DE FRAQUEZA E OUTRAS MANIPULAÇÕES

pelo manipulador, e embora possam parecer irrisórios, esses atos comprometem aquele que os pratica. "Costumamos achar que a convicção resulta da força de argumentação. Não é o que acontece aqui. Para convencer a criança, o genitor narcísico não age no universo do pensamento lógico nem no da linguagem. (...) Ele espera atos, como prova de sinceridade, de verdadeiro amor (...). A criança é assim levada a fazer um gesto que a comprometa com o genitor narcísico. Acontece que, se podemos facilmente mudar nossa maneira de encarar algo, dificilmente poderemos suprimir um ato que tenhamos praticado. A criança que tiver aceitado simplesmente não cumprimentar o genitor ao chegar, ou levar um objeto pessoal à sua revelia, se terá comprometido com o outro genitor. (...) O genitor que manipula não precisará apresentar argumentos à criança: ela mesma haverá de encontrá-los, e serão argumentos tanto mais sólidos por serem dela mesma. Ela terá a ilusão de ter chegado a eles "sozinha", sem influência de quem quer que seja."[1]

As repercussões na criança variam em função da idade, do grau de maturidade e da intensidade dos atos de desqualificação. O estabelecimento de uma alienação geralmente se situa entre os 7 e 13 anos, pois nesse período uma criança está crescida o suficiente para se conscientizar da separação dos pais, sem que no entanto seu espírito crítico esteja afirmado o bastante para protegê-la de uma dominação. Quanto menores forem os filhos, mais serão suscetíveis de manipulação, pois sua memória dos acontecimentos é efêmera, e mais haverão de reagir com distúrbios de comportamento

---

[1] Van Dieren B., seminário realizado a 28 de setembro de 2002 em Bruxelas, por iniciativa da École des parents et des éducateurs.

AS PESSOAS VISADAS

ou psicossomáticos. Quando são vários os filhos, o mais velho, sobretudo se for de sexo oposto ao do genitor que aliena, tende a se colocar como porta-voz deste, tomando o lugar do genitor rejeitado.

Os mecanismos de sobrevivência psíquica da criança são a clivagem e a amnésia.

A clivagem é um mecanismo de defesa que permite controlar a angústia e deixar de lado uma emoção ou uma lembrança por demais perturbadora. Isso se dá através da cisão do eu em duas partes: uma delas tenta isolar a situação traumatizante, enquanto outra continua ligada à realidade. Posteriormente, a presença ou a simples menção do outro genitor acarretará uma forte angústia na criança, que literalmente operará uma disjunção para não permitir o ressurgimento da lembrança traumática: "Não quero mais te ver, você me faz sofrer!" A visão do genitor rejeitado provocará na criança uma intensa dor; deixando de vê-lo, ela poderá não mais pensar na situação e não sofrer.

A amnésia vem depois. Passado algum tempo, a criança perde a ambivalência. As lembranças que poderiam matizar sua visão maniqueísta da situação são esquecidas, passando a prevalecer a versão do genitor que aliena, com amnésia de tudo o mais. Ela vai então tomar partido pelo genitor que aliena e começar também a denegrir o genitor rejeitado, às vezes fazendo contra ele acusações mentirosas ou relatando fatos que não vivenciou realmente. Com o passar do tempo, a versão do genitor que aliena torna-se "verdadeira" aos olhos da criança, cujas lembranças serão reconstruídas com base na interpretação que lhe é dada.

110   ABUSO DE FRAQUEZA E OUTRAS MANIPULAÇÕES

A curto prazo, uma criança alienada em geral dá a impressão de ir bem, o que no entanto de modo algum garante um bom prognóstico a longo prazo. Como o genitor que aliena quer parecer perfeito, a escolaridade, o lazer, as atividades culturais, tudo isso pode parecer irretocável. Mas o menor corre o risco de desenvolver um "falso self", ou seja, uma personalidade de superfície que mascara sua verdadeira identidade, com uma aparência polida e uma falsa maturidade. A clivagem pode levá-lo ao desenvolvimento de uma representação maniqueísta do mundo e a um distúrbio persecutório, incitando-o a desconfiar de toda alteridade.

Essas crianças também apresentam um risco agravado de distúrbios da personalidade, quase sempre de tipo narcísico, com intolerância à frustração, dificuldade de administrar a agressividade e tendência a se colocar em posição todo-poderosa. Há indicações igualmente de que apresentam mais distúrbios de conduta alimentar e comportamentos de risco, toxicomania e comportamentos antissociais.

Após a separação extremamente conflituosa dos pais, quando tinha 11 anos, Sally foi inicialmente entregue aos cuidados da mãe. Mais tarde, depois de uma briga, "optou" por viver com o pai, recusando-se a encontrar a mãe durante sete anos. A relação com o pai aos poucos se deteriorou, até uma cena de violência durante a qual ela precisou chamar a polícia para escapar.

Voltou então a se aproximar da mãe, mas com muito sentimento de culpa: "Eu a rejeitei, não queria mais vê-la. Não entendo como foi que optei por viver com meu pai, quando me entendia melhor com ela."

Hoje, Sally tem 20 anos e não vai bem, sempre dilacerada entre os pais, que continuam a ajustar contas às suas custas. Oficialmente, está sob a responsabilidade do pai, que no entanto não quer pagar seus estudos, pois não a vê. A mãe, por sua vez, se ressente da filha por ter de pagar por ela.

Sally foi reprovada no vestibular uma primeira vez, tentou novamente e conseguiu se matricular numa faculdade. Mas não comparece às aulas, tem dificuldade de se concentrar, deita-se tarde, levanta-se tarde, fuma maconha já pela manhã e se queixa de frequentes crises de angústia.

Decidiu, contudo, lutar pela superação e deu início a uma terapia: "O que me salva é pensar que eles são todos loucos e que eu só posso contar comigo mesma."

Qualquer que seja a evolução da problemática, a criança mobiliza toda a sua energia psíquica para se preservar, embora não seja capaz de evitar o surgimento de sintomas de angústia e de somatizações: enxaqueca, asma, eczemas ou crises de angústia. Assim é que às vezes encontramos crianças que aparentemente resistiram à alienação, mas continuam muito afetadas por esses conflitos familiares.

Quinze anos depois da difícil separação, Béatrice ficou sabendo pelos filhos das explicações dadas na época pelo ex-marido violento e infiel. Ele alegava ter pedido o divórcio porque ela tinha amantes e fora embora com todas as economias do casal, deixando-o na miséria.

— Mas não é verdade, é exatamente o contrário!

112 ABUSO DE FRAQUEZA E OUTRAS MANIPULAÇÕES

— Não faz mal, mamãe, cada um faz o que quer. Não temos nada contra você.

— Mas vejam a vida que eu levo. Por acaso pareço uma mulher fácil?

— Mas é o que o papai diz!

Durante todos aqueles anos, os filhos tinham se calado a respeito de tudo que o pai lhes dizia sobre a mãe ser uma vagabunda, ladra, desnaturada. Béatrice simplesmente constatara que eles se mostravam extremamente agressivos com ela, quando voltavam da casa do pai, e violentos quando ela se recusava a assumir alguma despesa: "Você pode pagar! Está cheia da grana!" Ela sequer podia se referir à vida que levavam antes sem que eles começassem a gritar e a bater portas.

Com o tempo e o amor que lhes manifestava, eles aparentemente se acalmavam, pois ela evitava falar do pai. Desde a separação, todavia, os três filhos apresentavam distúrbios psicossomáticos sérios: dores abdominais exigindo hospitalização, enxaquecas incapacitantes, crises de asma etc.

Para proteger a mãe, simplesmente tinham incorporado as mensagens destrutivas.

O genitor que aliena

O perfil mais frequente do genitor que aliena é o de uma personalidade narcisista, marcada por medo de abandono, túneis depressivos e baixa autoestima. Ele (ela) precisa preencher o vazio interior com o amor do filho ("Meu filho [minha filha] é tudo para mim!").

AS PESSOAS VISADAS

Um genitor que aliena muitas vezes vem de uma família disfuncional. Ele mesmo pode ter tido antecedentes de alienação, abandono ou maus-tratos, precisando então recorrer à clivagem para se proteger. Mais tarde, na fúria de destruir o outro genitor, projeta nele toda a negatividade que rejeita em si mesmo e que gostaria de ver desaparecer.

Ele não tem consciência de estar causando dano ao ex-cônjuge nem muito menos ao filho; considera que só ele é um bom genitor e, por estar convencido disso, consegue parecer convincente. O problema é que um narcisista é sedutor com os que intervêm (advogados, policiais) e tem uma grande capacidade de se apresentar como vítima. Também sabe convencer os amigos e as relações a darem um atestado de que é um genitor irrepreensível, não surpreendendo, assim, que consiga arrastar igualmente o filho.

Embora afirme agir pelo bem do filho, esse genitor procura valorizar-se às custas do outro. E, se anteriormente se mostrava abusivo, haverá de encontrar aí uma maneira de dar prosseguimento à sua dominação e mesmo destruição. No momento da separação, sente necessidade não só de rejeitar o(a) antigo(a) parceiro(a), como de apagar qualquer traço dessa relação, como se o casal nunca tivesse se formado. Mas no meio há o filho. A solução então será rejeitar o filho ou a filha (muitas vezes um pai alienante diz a um filho que resiste à ideia de rejeitar a mãe: "Quem é que me garante que você é meu filho!?") ou então incorporá-lo(a) para que se transforme numa parte de si mesmo, entrando em simbiose com ele, negando sua alteridade. Estabelece-se então uma relação incestuosa, colocando a criança em pé de igualdade com ele, no lugar do genitor rejeitado.

114   ABUSO DE FRAQUEZA E OUTRAS MANIPULAÇÕES

A criança é esquecida nesse processo, pois, num tal acerto de contas, o genitor que aliena está disposto a sacrificá-la.

A Bíblia conta que duas mães que disputavam um filho foram levadas à presença do rei Salomão para que ele resolvesse o impasse. Uma das mulheres, na verdade, sufocara acidentalmente o próprio filho e queria apropriar-se do filho da outra.

Incapaz de saber quem era a verdadeira mãe, pois ambas alegavam com veemência estar dizendo a verdade, Salomão ordenou que a criança fosse partida em duas, para que cada uma delas recebesse a metade.

Uma delas declarou que preferia abrir mão da criança, para que não fosse sacrificada. Salomão entendeu então que era ela a mãe e mandou entregar-lhe o bebê.

O genitor que aliena, como nesse relato, impõe ao filho que se parta em dois no plano emocional, ainda que assim perca sua parte vital.

O genitor rejeitado

O genitor rejeitado passa por uma dor profunda e um grande sentimento de impotência. O que quer que faça está errado e nada pode fazer para se reabilitar aos olhos do filho. É como se estivesse na areia movediça: quanto mais se justifica, mais afunda. A isso soma-se muitas vezes a estigmatização social — às vezes veiculada pelos assistentes, especialistas, juízes, advogados — de um genitor suspeito de ter falhado, de ser mau ou incapaz de ser amado o suficiente pelo filho.

AS PESSOAS VISADAS

Judith separou-se do pai de sua filha, Manon, quando esta tinha 3 anos. O pai mostrou-se muito litigioso, exigindo a guarda exclusiva da menina, a pretexto de que a mãe não seria capaz de cuidar dela.

Hoje, Manon tem 12 anos, e quando está na casa da mãe vive em provocação. Não participa de nada, reage com agressividade a cada observação materna. "Não tenho uma filha em casa, mas uma espiã que confere tudo que eu digo, acha sistematicamente que eu estou mentindo e me obriga constantemente a me justificar por tudo."

"Essa situação me deixa fisicamente doente. Nunca sei qual será seu estado de espírito quando volta da casa do pai. Não posso nem, por exemplo, lhe perguntar se passou um bom fim de semana, pois ela o considera uma agressão. E então eu tenho tanto medo de dizer algo inconveniente que muitas vezes nem lhe dirijo a palavra. Perdi toda a espontaneidade com ela."

Quando os vínculos são definitivamente rompidos, é impossível fazer o luto, pois os filhos estão vivos, e resta uma esperança, mas também um temor de voltar a vê-los um dia, o que mergulha certos genitores num estado depressivo crônico.

O que fazer?

Naturalmente, podemos entender que um genitor que se sinta injustamente difamado pelo outro tente se justificar aos olhos do filho, mas é precisamente o que se deve evitar. Com efeito, quando a criança está dividida entre a versão do papai e a da mamãe, não

116 ABUSO DE FRAQUEZA E OUTRAS MANIPULAÇÕES

compreende mais nada e entra num bloqueio. Se um deles puxa a criança numa direção, o outro não deve puxá-la no sentido oposto, pois a criança se sentirá dilacerada e sofrerá. O que importa mais: ter razão ou a criança ficar bem?

Se um dos genitores diz, por exemplo: "Seu pai (sua mãe) mente, o que ele (ela) diz é mentira", passará por agressivo. A criança está no direito de pensar: "Dizendo isso, meu pai (minha mãe) também está mentindo." Essa incerteza vai angustiá-la, e ela não conseguirá mais pensar. Mais vale ser paciente, moderar as reações e sobretudo eximir-se de criticar por sua vez o genitor que difama, sob pena de ferir a criança que se encontra no meio.

Mas não criticar não significa deixar de se posicionar. É preciso aprender a dar uma explicação sem denegrir, explicando, por exemplo, com benevolência e sem se irritar: "Papai (mamãe) está dizendo isso, pode ter suas razões, mas eu não concordo." Ou então: "Na casa do papai (da mamãe) pode ser diferente, mas aqui é assim."

Se a criança mente ostensivamente, cabe apenas manifestar dúvida: "Não acho que seja assim", sem insistir. O que não impede de manter a própria posição parental e o próprio projeto educativo. Embora seja difícil, é preciso promover uma relação correta com o outro genitor, dizendo à criança: "Você tem o direito de preferir seu pai/sua mãe, mas tem de me respeitar."

Se a criança se recusar à visita no dia devido, por mais que se perca o contato, é preciso persistir no envio de mensagens. Mesmo que elas não recebam resposta, não se deve desistir nunca.

Desde que se separou da mãe de seus filhos, e desde um episódio em que as crianças tinham desaparecido por não suportar sua nova companheira, Jérôme não voltara a vê-los. Mal ou bem, tentava manter o vínculo, enviando-lhes um torpedo ou e-mail de vez em quando, mas eles só respondiam raramente e de maneira lacônica.

Na volta das férias, Jérôme ficou sabendo por acaso que Yoham, seu filho, foi detido por furto. Aquilo o pegou de surpresa, pois sabia que os filhos eram materialmente paparicados pela mãe. Não obstante a oposição dela, ele compareceu à convocação do juiz. O filho não deu qualquer explicação para seu ato e continuou a rejeitar a presença do pai: "Não tenho nada a lhe dizer, ele nunca cuidou de mim!" É verdade que Jérôme não soubera contornar a oposição da mãe para ocupar seu devido lugar como pai. Sem sabê-lo, o filho lhe deu uma oportunidade nesse sentido, o que foi percebido pelo juiz.

Influências externas

À medida que vai crescendo, a criança é exposta a outras influências, à parte a dos pais. Na maioria dos casos, elas serão fonte de identificação, permitindo-lhe que conquiste progressivamente sua autonomia. Outras poderão ser tanto mais perturbadoras na medida em que a célula familiar não for suficientemente forte e aconchegante para compensar.

A princípio, uma criança só começa a distinguir entre ficção e realidade a partir dos 7 anos, mas em certos casos isso sobrevém mais tarde. Enquanto o menor precisar escorar-se em figuras de identificação, não tendo conquistado suficiente autonomia de pensamento, continuará sendo eminentemente maleável e, portanto, manipulável.

118   ABUSO DE FRAQUEZA E OUTRAS MANIPULAÇÕES

Em casa, as crianças são submetidas a influências nocivas através da TV e sobretudo, cada vez mais, da internet. Diante da telinha e do video game, são diariamente expostas à violência, o que pode perturbar os menores e influenciar seu comportamento: sabemos, com efeito, que 10% a 15% das crianças imitam o que veem.[1]

Assédio escolar

Na escola, as crianças podem ser manipuladas por colegas e sofrer assédio (bullying escolar) ou participar dele.

São pequenas agressões aparentemente inofensivas, mas repetitivas, com zombarias, insultos, humilhações ou atos de tirania por parte de uma ou várias crianças agressoras (bully, em inglês), contra uma criança isolada e transformada em bode expiatório. De modo algum se trata de uma disputa ou briga,[2] mas de uma relação de dominação, assimétrica. As crianças visadas são quase sempre bons alunos ou então crianças tímidas, carentes de autoconfiança, que sofram de alguma particularidade física ou deficiência.

Aquele que intimida é, em geral, uma criança impulsiva, com forte necessidade de dominação, pouca empatia e quase nenhum sentimento de culpa. O assédio escolar pode ser obra de um grupo de alunos liderado por um mentor, sendo os seguidores, mais passivos, arrastados pelo espírito de grupo.

Essas agressões podem ter consequências graves para as crianças visadas, provocando queda do desempenho escolar, manifestação

---

[1] Brodeur, J., www.edupax.org.

[2] Olweus, D., *Bullying at School*.

AS PESSOAS VISADAS

de distúrbios de ansiedade, de doenças psicossomáticas ou estados depressivos.

Mais tarde, na escolarização, um fenômeno semelhante irá se manifestar, mas muito mais ritualizado: o trote.

O trote consiste em forçar uma pessoa a se submeter ou cometer atos humilhantes e degradantes durante manifestações ou reuniões ligadas ao meio escolar e socioeducativo, não importando o lugar onde se desenrolem.

O trote é hoje um delito punido com seis meses de prisão e 7.500 euros de multa, tendo ou não a vítima consentido em participar. As penas são duplicadas quando os atos afetam uma pessoa física e mentalmente frágil.

Com a internet e as redes sociais surgiu também o cyberbullying, que não passa de uma variante e de uma ampliação do assédio escolar. A perseguição vai além do pátio de recreação, podendo ser praticada em qualquer lugar, a qualquer momento. Um terço dos jovens teria sido alvo de assédio através das redes sociais.

As redes sociais

Uma pesquisa recente[1] mostrou que metade dos jovens entre 8 e 17 anos está ligada a uma rede social, sendo a mais frequente o Facebook.

---

[1] Pesquisa realizada em 2011 pela CNIL (Commission nationale Informatique et Liberté), a Unaf (Union nationale des associations familiales) e a Action Innocence (Préserver la dignité et l'intégrité des enfants sur Internet). Disponível em www.jeunes.cnil.fr.

Por ela, ficamos sabendo que:

— cerca de 20% dos menores de 13 anos estão conectados ao Facebook, embora teoricamente seja proibido, e isso com o consentimento dos pais em 93% dos casos;

— a partir do ensino médio, cerca de 90% dos jovens estão em redes sociais, a elas se conectando diariamente;

— entre as meninas de mais de 13 anos, afirmou já ter sido vítima de insultos, mentiras ou boatos numa rede social;

— quanto maior o número de amigos, maior a frequência de contatos com pessoas agressivas, sabendo-se que 30% dos jovens aceitam desconhecidos como amigos;

— as crianças não se protegem o suficiente, dando muitas informações pessoais nas redes sociais (92% delas usam sua real identidade);

— entre as crianças com mais de trezentos amigos, 53% se dizem chocadas com conteúdos insultuosos, violentos ou racistas e pela pornografia;

— nos casos em que se sentiram chocadas, apenas 11% falaram a respeito aos pais.

Também somos informados por essa pesquisa de que, embora controlem o tempo passado nas redes sociais, os pais só raramente têm acesso ao conteúdo das trocas. É preciso explicar às crianças que entrar em contato com desconhecidos é abrir a porta para indivíduos que podem ser agressivos ou desonestos.

Cumpre lembrar-lhes regras de prudência ou respeito ao outro:

— não dizer coisas agressivas, racistas ou mentirosas;

— não fazer aos outros o que não gostaria que lhe fosse feito;

— não publicar fotos sem autorização das pessoas envolvidas;

AS PESSOAS VISADAS

— lembrar-lhes que, sem as devidas configurações, tudo que for lançado numa rede social pode ser acessado e usado por todo mundo, sendo difícil e mesmo impossível conseguir a retirada de fotos.

Nada disso é indiferente. Sabemos também que a exposição à pornografia marca profundamente a memória e o psiquismo das crianças. Acostumá-las à visão em que a mulher possui uma imagem degradada irá limitar sua imaginação e condicionar sua vida sexual adulta. O corpo das mulheres transforma-se para os meninos num objeto de consumo e aviltamento.

Quanto aos insultos, humilhações e boatos divulgados pela internet, podem ter repercussões muito graves no psiquismo do jovem.

O cyberbullying constituiria um abuso de fraqueza? Certamente não no sentido jurídico da palavra, pois o agressor é um menor, mas ainda assim podemos nos questionar sobre o consentimento de uma criança ou de um adolescente para que sua foto seja levada à internet ou nela sejam compartilhadas informações, quando é incitada a fazê-lo por um colega ou um grupo.

Essa problemática deve mais uma vez levar-nos a colocar a questão dos limites, lembrando que o papel dos pais é ser vigilantes e advertir os filhos, apesar de todas as dificuldades.

Adolescentes

Na adolescência, período crítico de transformação fisiológica e psicoafetiva, os jovens precisam conquistar autonomia, mas também têm necessidade de limites e de segurança. Com a internet, a tarefa

122   ABUSO DE FRAQUEZA E OUTRAS MANIPULAÇÕES

dos pais tornou-se mais complexa, pois as tecnologias evoluem com muita rapidez.

A adolescência sempre foi um período de autoafirmação, no qual um jovem constrói sua identidade em confronto com o contexto. Ele deve opor-se aos pais para se afirmar e encontrar a boa distância relacional com o adulto, definir seus próprios valores. Atualmente, contudo, numa sociedade que valoriza a autonomia e a independência, os jovens se opõem aos pais cada vez mais cedo, por volta dos 12 ou 13 anos. Quanto mais uma criança que tenta ganhar autonomia se sente dependente dos pais, mais haverá de se mostrar agressiva com eles.

A busca de autonomia também passa por transgressões e riscos, como o consumo de drogas ou de álcool. Nas festas, é cada vez mais comum que os jovens incitem uns aos outros a beber o máximo de álcool no menor tempo possível, chegando às vezes ao coma.

A adolescência é também um período no qual o jovem busca uma identificação que nada tenha a ver com os pais. Deixa-se influenciar pelos colegas, segue as normas de seu grupo ou volta sua busca de identidade para outros adultos significativos que admire ou idealize. Pode então suceder que um pequeno líder perverso venha dominá-lo e arrastá-lo a um sistema patológico, ou então que, por uma dominação intelectual, um jovem abrace alguma ideologia sem o menor espírito crítico, deixando-se envolver por um mentor — e tudo que esse personagem disser será considerado uma verdade.

Como desenvolver o espírito crítico de nossos filhos?

Vimos na pesquisa sobre as redes sociais que os jovens raramente falam a um adulto do que os chocou na internet, provavelmente por vergonha da imprudência ou da desobediência. Cabe então aos pais abrir o diálogo com eles, conversar, ajudá-los a desenvolver o espírito crítico e a pensar por si mesmos, pois o discernimento moral só pode ser conquistado progressivamente. O papel dos pais é acompanhar o filho até que ele integre normas de conduta que lhe permitam avaliar o caráter normal ou anormal, justo ou injusto, bom ou ruim de um comportamento.

Se os adolescentes têm necessidade de conquistar liberdade e autonomia, o papel dos adultos é estabelecer limites claros, especialmente em matéria de violência física ou psicológica e de sexualidade.

3. BUSCANDO A SUJEIÇÃO PSICOLÓGICA

> "Eu preferia a dúvida à verdade,
> até mesmo a dúvida mais ínfima, mais frágil.
> Sim, eu a preferia, pois creio que a verdade
> poderia me matar."
>
> Philippe Claudel, *Le Rapport de Brodeck*

Já o dissemos e voltaremos a dizê-lo: os manipuladores nos fascinam. Secretamente os admiramos, ao mesmo tempo que reprovamos seus atos, mas sentimos muito menos indulgência por suas vítimas. É claro que sentimos compaixão por indivíduos que realmente parecem em situação de fraqueza, como as pessoas idosas, mas encaramos com certo desprezo os outros, os "otários", que

124 ABUSO DE FRAQUEZA E OUTRAS MANIPULAÇÕES

caem em golpes, apesar de advertidos. Tendemos a considerar que as pessoas levadas a um estado de sujeição psicológica têm alguma fraqueza oculta.

Com base nisso, gostaríamos que fosse possível traçar um perfil comum dos indivíduos visados, de poder dizer que não somos como eles, que não estamos correndo risco. Acontece que até hoje não existe nenhum estudo genérico sobre o perfil psicológico das pessoas que seriam mais suscetíveis de ser vítimas de manipulação.

Como vimos, o que conta é a habilidade do manipulador, muito mais que a personalidade da pessoa visada. Assim, embora não possamos constatar nelas alguma patologia, um manipulador saberá perfeitamente, com sua excelente intuição, identificar alguma falha. Pode ser uma fragilidade conjuntural ligada a uma separação ou a um luto, ou então a fragilidade narcisista de alguém que sofra de questionamento identitário.

Então, à falta de um perfil psicológico das potenciais vítimas, vejamos quais são seus pontos de identificação e aprofundemos alguns que comecei a desenvolver em meu livro *Assédio moral: A violência perversa no cotidiano*. Para isso, analisaremos um caso criminal.

Assassinato por procuração

No caso criminal que se segue, o mistério não está tanto na perversidade da manipuladora, mas na aparente normalidade do assassino manipulado. Acontece às vezes de a pessoa que comete atos delituosos ou homicidas ser ativada por um terceiro.

AS PESSOAS VISADAS

São os seguintes os fatos:

A 11 de março de 1998, o doutor Michel Trouillard-Perrot matou por envenenamento o major Jean-Paul Zawadzki, marido de sua amante, Nicole Prévost. Segundo ele, a intenção era "libertar Nicole Prévost do calvário a que estava submetida", depois de frequentes queixas dela sobre a violência do marido.

Histórico do casal

O doutor Trouillard-Perrot conheceu Nicole Prévost em 1991. Ela o chamara para tratar de sua filha. Até 1993-94, a relação entre os dois era de ordem estritamente médica, mas foi se tornando cada vez mais frequente. "Eu sempre encontrava uma desculpa para ir consultá-lo... Levava um tombo, apresentava uma escoriação, um hematoma", declarou ela. Segundo a esposa do médico, essa mulher telefonava várias vezes por semana e se consultava com a mesma frequência, o que parecia normal, tratando-se de uma depressiva. Mas depois foi se tornando cada vez mais invasiva, telefonando ao médico a qualquer hora do dia e da noite, onde quer que estivesse.

Em 1993, Nicole falou pela primeira vez a Michel Trouillard-Perrot de violências físicas e psicológicas regularmente sofridas nas mãos do marido, e também, eventualmente, de dois outros indivíduos que ele convocou como testemunhas ou que participaram das agressões sexuais. Ela afirmou ter movido processos contra os responsáveis pela violência, mas sem obter resultado. Acrescentou ainda que apresentou queixa em Bourges por violências contra sua filha.

O médico admitiu nunca ter presenciado uma agressão direta de Jean-Paul contra Nicole, e que o vira apenas uma vez, saindo

126 ABUSO DE FRAQUEZA E OUTRAS MANIPULAÇÕES

irritado de sua casa. Nicole explicou-lhe então que ele acabara de espancar a filha. Esses atos de violência lhe foram confirmados por declarações, ao telefone, de uma tia, a "tia Julie". Ele disse aos investigadores nunca tê-la encontrado nem ter obtido suas coordenadas, pois era sempre ela que lhe telefonava, mas que não duvidava de sua existência, pois na época em que Nicole completou 40 anos ela lhe enviara um buquê de flores por semana durante quarenta semanas. Quando não podia, ela mandava entregá-los no consultório do médico.

Em novembro de 1996, ele pediu para conhecer tia Julie e seu marido, mas esperou em vão por duas horas no local combinado. No dia seguinte, Nicole explicou-lhe que o marido de sua tia morreu exatamente no dia marcado para o encontro.

Em seus depoimentos, o doutor Trouillard-Perrot declarou nunca ter realizado exames médicos relativos às violências sofridas por Nicole Prévost, falando apenas de um "olhar médico" que lhe teria permitido perceber certo grau de simulação nessas acusações. Apesar disso, ele forneceu três atestados médicos alegando presença de hematomas.

Em janeiro de 1997, ele foi à casa de Nicole, mas ninguém atende à porta. Ele resolveu, então, entrar e a encontrou deitada no chão, segundo ela porque se sentiu mal depois de receber uma pancada do marido na cabeça. Ele prescreveu uma tomografia computadorizada, mas ela não se submeteu a esse procedimento ou a exames de sangue, que se revelavam normais. Em março de 1997, ela lhe telefonou às duas horas da manhã, dizendo-se estressada com uma altercação com o marido e queixando-se de dores decorrentes das

AS PESSOAS VISADAS

pancadas. Em abril, afirmou ter abortado, atribuindo-o a atos de violência do marido, mas sem permitir que o médico a examinasse.

Numa tarde de junho de 1997, ele a encontrou prostrada em casa e apresentando uma marca que não tinha pela manhã. Concluiu, então, que o marido esperou que ele se fosse para voltar a agredir Nicole. Mas não a examinou, pois recebera um atendimento de emergência.

Em julho, Nicole disse-lhe que a caminho do tribunal fora ferida no ombro por um tiro dado por um homem que assistira, sem chegar a participar, a uma noite de sevícias impostas por seu marido. O doutor Trouillard-Perrot não constatou qualquer ferimento, mas Nicole retrucou que era superficial, e que ela cicatrizava com rapidez.

Em 20 de dezembro de 1997, Nicole desapareceu por vários dias, supostamente atacada por um homem que a teria levado para a garagem da residência do casal, onde Jean-Paul teria abusado dela.

Embora se conhecessem desde 1991, foi em 1994 que as relações entre os dois se tornaram mais íntimas. Quando o casal Trouillard-Perrot se separou, em dezembro de 1997, Nicole e sua filha passaram a morar na casa do médico da noite de terça-feira à tarde de sexta. Nicole preferiu voltar para casa toda noite, entre 18 e 20 horas.

A ideia do assassinato teria ocorrido ao médico em fevereiro de 1998, depois de uma discussão com Nicole Prévost. A oportunidade surgiu quando Jean-Paul Zawadzki, voltando de uma viagem profissional, pediu à mulher que comprasse um xarope para combater uma tosse persistente. O médico prescreveu um forte sedativo a ser administrado por Nicole com uma sopa ou uma bebida quente à base de álcool. O objetivo era adormecer o militar para lhe aplicar

128   ABUSO DE FRAQUEZA E OUTRAS MANIPULAÇÕES

à revelia uma injeção de potássio. Apesar da ingestão de um segundo sedativo, contudo, Jean-Paul continuou de pé. Diante disso, o médico associou ao tratamento com betabloqueadores um antiarrítmico para ser administrado por Nicole ao marido.

No dia seguinte, quando ela foi ao consultório do médico para informar que a nova receita tampouco fizera efeito, pareceu estar completamente drogada. Ele concluiu, então, que havia sido ela que tomara os remédios, para se suicidar. Para impedi-la de pôr fim à vida, Michel Trouillard-Perrot preparou uma solução de digitalina destinada, através de Nicole, a Jean-Paul.

No dia seguinte, Jean-Paul teve uma crise de vômito e buscou uma consulta com o médico de plantão, que vinha a ser o doutor Trouillard-Perrot. Ele constatou uma hemorragia subconjuntival de origem aparentemente anterior a suas prescrições. A pretexto de aplacar as dores do paciente, ele lhe injetou uma ampola de potássio, o que provocou durante alguns minutos distúrbios que o médico explicou como sendo uma reação alérgica. Entretanto, a hemorragia subconjuntival se agravou e o médico modificou o tratamento. Tratou também de alterar sua própria aparência física, retirando a barba e os óculos, para não ser reconhecido pela vítima, que passou a viver no escuro por ordem sua, em virtude dos problemas oculares.

Apesar de tudo, o estado de saúde do major Zawadzki melhorou, e, para evitar a licença médica, ele foi à base aérea pedir folga. Nicole continuou a se queixar a Michel da violência verbal do marido. Ele então começou, a partir de 4 de março de 1998, a administrar sulfonamida a Jean-Paul. Quando o paciente se queixou de distúrbios de hipoglicemia, como sudorese abundante, o médico explicou que provavelmente se tratava de uma crise hipertensiva.

Na noite de 10 de março, Nicole telefonou a Michel Trouillard-Perrot para dizer que Jean-Paul estava com um ronco muito forte. O médico acorreu e constatou que o paciente entrara em coma hipoglicêmico com obstrução dos brônquios. Hesitante, sugeriu a Nicole que ele fosse reanimado com glicose. Ela recusou, mas, como os roncos a incomodavam, o médico acomodou o major em posição lateral e lhe aplicou uma injeção de insulina.

Jean-Paul Zawadzki morreu a 11 de março. O doutor Trouillard-Perrot constatou o óbito às 15h15.

Nicole Prévost rapidamente se distanciou, então, do amante, deixando que ele aparecesse como único responsável pelo ato criminoso. Pouco depois, comprou uma BMW nova e fez obras em sua residência com o dinheiro do seguro de morte e invalidez contratado pelo marido. Mais tarde, ao ser interrogada numa investigação iniciada a pedido da família de Jean-Paul, ela forneceu uma versão dos fatos que incriminava o médico, fazendo recair sobre ele toda a responsabilidade pelos atos que induziu.

Por que tal credulidade?

Tentemos entender de que maneira um homem inteligente, que, segundo opinião unânime dos especialistas, não apresentaria qualquer distúrbio psíquico, foi capaz de "engolir" as afirmações de Nicole Prévost, sem ser acometido da mais leve dúvida?

Na biografia de Michel Trouillard-Perrot não encontramos nada de muito específico. Ele é o terceiro filho numa família de cinco, sendo o pai cirurgião e a mãe, enfermeira. Considera que teve uma

130 ABUSO DE FRAQUEZA E OUTRAS MANIPULAÇÕES

infância feliz, apesar do divórcio dos pais quando tinha 19 anos. Diria mais tarde a respeito do pai, que foi ao encontro de uma paixão dos tempos de universidade: "Ele caiu do pedestal."

Ao concluir a faculdade de medicina, foi morar em Orgères-en-Beauce, onde adquiriu considerável clientela; também trabalhou como médico dos bombeiros e participou de atividades sindicais.

Casou-se em 1974 e tem três filhos. A vida conjugal transcorreu sem maiores complicações nem conflitos, apesar da falta de afeto, até sua ligação com Nicole Prévost, que levou à separação em 1997.

Os especialistas o descrevem como um homem de inteligência no nível normal superior, com facilidade para a síntese e a abstração. Não identificam nele nada que pudesse prever de uma estrutura perversa ou de algum debilitamento do sentido moral. Os únicos elementos neuróticos constatados mantêm-se dentro de limites normais, com traços discretamente obsessivos e um certo conformismo. Os exames grafológicos dão conta de um indivíduo ansioso e preocupado em não se mostrar à altura, leal, submetido a imperativos de vontade e razão, reservado em suas relações.

Quanto ao início de sua relação com Nicole Prévost, Michel Trouillard-Perrot falou de amor à primeira vista, frisando a importância do olhar "indefinível" de Nicole. Entretanto, se chegou a verbalizar sua paixão, segundo os especialistas, ele não deixou transparecer um grande envolvimento emocional. Um deles observa que se manteve frio e perfeitamente controlado durante toda a entrevista, mantendo alguma distância. Outro chama a atenção para o fato de que ele descreve os acontecimentos como se fosse um observador neutro.

* * *

AS PESSOAS VISADAS   131

Michel Trouillard-Perrot fechou-se na ilusão de ser amado e de amar essa mulher, sem querer ver seu comportamento histérico e suas manipulações. Declarou ter descoberto aos poucos, graças, entre outras coisas, a uma investigação iniciada por sua mulher, que Nicole lhe mentia (sobre sua data de nascimento; sua suposta filiação natural; a existência de um gêmeo morto aos 15 anos de leucemia; a existência de um patrimônio próprio; seu trabalho como diretora de um retiro de idosos, quando na verdade era apenas secretária do local; o início de um processo de divórcio etc.). Em 1995 ou 1996, ele mesmo fez uma investigação, mas, apesar das evidentes mentiras da amante, continuou a acreditar e não se afastou dela. Justificou esses impulsos de credulidade pelas explicações que ela sempre encontrava para suas alegações. Disse ter tido consciência do caráter fantasioso das afirmações de Nicole, chegando a falar de "telenovela", mas acrescentou que preferia "dar ao amor o benefício da dúvida".

O médico viu apenas os curativos e só ouviu as queixas, pois a grande força de Nicole Prévost estava em ocultar o que não existia. Vamos encontrar essa mesma maneira de esconder para melhor mostrar na mitômana Noa/Salomé, de que trataremos no capítulo seguinte, mas também podemos compará-la ao caso das cristãs estigmatizadas. As testemunhas dos estigmas nunca os viram sendo causados diretamente diante de seus olhos, podendo-se assim afirmar que são fictícios. O que no entanto não tem importância, pois se trata de uma relação mística com Jesus.

Parece que efetivamente a capacidade de discernimento e raciocínio de Michel Trouillard-Perrot foi afetada pela paixão. Diante de Nicole Prévost, ele perdeu todo senso crítico, incapaz de imaginar que ela lhe pudesse mentir, chegando assim a diagnósticos

132 ABUSO DE FRAQUEZA E OUTRAS MANIPULAÇÕES

equivocados. Por exemplo, atribuiu o intenso estresse de que ela parecia acometida às violências "sofridas", e não à sua histeria.

Também podemos considerar que, como médico, ele poderia ter se dado conta do masoquismo da paciente, e especialmente da erotização dos tratamentos médicos dolorosos que lhe aplicava (infiltrações na altura dos adutores das coxas, infiltrações retais, injeções de anestésicos locais antes das relações sexuais). De fato, parece estranho que, numa suposta relação amorosa passional, não houvesse nenhuma fantasia nem qualquer prazer sexual. O amante mencionou uma parceira mumificada, intocável, que precisava reconquistar sempre. Declarou que, em consequência das violências sexuais por ela alegadas, não havia possibilidade de relação durante vários meses. Embora ele se mostrasse fascinado pela descrição das relações sexuais forçadas sofridas pela amante, não há indicações de que sua ligação com ela fosse centrada na sexualidade: "Não era uma finalidade. (...) Nos sentíamos bem juntos sem fazer nada."

Como é comum nos casos de síndrome de Münchhausen, de que falaremos adiante, Nicole Prévost levava o médico a fazer contato com sua impotência para curá-la. Frente a essa situação sem saída, sua única solução estava na eliminação do marido violento.

O que dizer da personalidade de Michel Trouillard-Perrot?

Nessa relação, o médico se coloca como reparador e protetor de uma mulher que sofre. Sua mulher, com quem viria posteriormente a manter um bom relacionamento, considerava que, esgotado com os comportamentos manipuladores de Nicole Prévost, ele julgara a estar salvando e à filha de ambos ao cometer o homicídio. Segundo

AS PESSOAS VISADAS

ela, seu marido perdera de todo a lucidez no que dizia respeito a Nicole, parecia "alterado" e não dava ouvidos às advertências.

Um dos especialistas aventa a hipótese, que viria mais tarde a rechaçar, de que Michel Trouillard-Perrot, com uma compreensão intuitiva, mas em parte recalcada da situação, teria encontrado uma autojustificação, fazendo crer a si mesmo que queria livrar a amante das violências sofridas, quando na verdade tentava eliminar um rival. Ele conclui então, como os demais especialistas, que nada na personalidade desse homem levava a pensar numa estrutura perversa ou num debilitação do sentido moral.

Hélène Deutsch talvez nos dê uma pista para entender a personalidade "anormalmente normal" de Michel Trouillard-Perrot. Em artigo publicado em 1934,[1] ela descreve um tipo de personalidade que apresenta uma pseudoafetividade, a personalidade dos "como se". Segundo ela, nesses indivíduos, nada se pode observar de patológico, senão que suas relações são desprovidas de calor humano, embora se comportem na vida como se vivessem plenamente seus sentimentos. A consequência dessa relação com a vida é uma atitude totalmente passiva em relação ao mundo circundante, além de uma enorme maleabilidade e de certa tendência à identificação.

Quanto à sugestibilidade desses pacientes, Hélène Deutsch escreve: "Ela tampouco é idêntica à sugestibilidade histérica. Nesta, a relação de objeto é uma condição prévia, ao passo que no caso dos pacientes 'como se' a sugestibilidade remete à passividade e à identificação automática mencionada anteriormente. À leitura dos relatórios

---

[1] Deutsch, H., "Un type de pseudo-affectivité ('comme si')", in Les "comme si" et autres textes, Le Seuil, tradução francesa de 2007.

134 ABUSO DE FRAQUEZA E OUTRAS MANIPULAÇÕES

judiciais, pareceu-me que muitos crimes cometidos por personalidades que até então nada tinham de criminosas não decorriam, como se quis acreditar, de uma dependência erótica, mas da passividade e da capacidade de se deixar influenciar que caracterizam uma personalidade 'como se'."

Sobre esses pacientes que não podem ser enquadrados em nenhum tipo de neurose, sem que por isso sejam psicóticos, ela acrescenta: "As tendências agressivas das pessoas 'como se' desapareceram completamente por trás de sua passividade, o que geralmente faz delas pessoas boas e suaves, apesar de dispostas a qualquer ato de maldade." E mais: "Desse modo, uma mudança nas identificações pode levar o indivíduo mais dócil a atos associais e criminosos."

Manipulados(as) ou manipuláveis?

Este relato pode parecer excepcional, mas em nossas consultas encontramos histórias muito semelhantes, ainda que não terminem de maneira tão dramática.

Léa, casada há vinte anos e mãe de dois filhos, reencontra por acaso Patrick, seu primeiro amor, homem muito sedutor que desfruta de excelente situação.

A primeira reação de Léa é fugir; ela não se sente à vontade com ele e guarda uma lembrança desagradável da maneira como a abandonou há 25 anos.

Mas ele insiste, telefona constantemente para sua casa, sem se preocupar com sua vida familiar. Aparece como que por acaso no mesmo lugar de férias que ela, impõe sua presença em seu local de trabalho. Ela acaba cedendo, embora se sinta culpada de enganar o marido.

AS PESSOAS VISADAS

Começavam, então, vários anos de alternância entre rompimentos brutais e tentativas de reconquista por parte desse homem, com promessas ou assédio. Ele rondava por perto de sua casa, postava-se diante de seu local de trabalho, telefonava a suas amigas, ligava sem parar, até que ela desligasse o telefone etc. Certo dia, chegou inclusive a telefonar ao marido de Léa para anunciar que iam se casar. Furiosa com o transtorno que isso causou em sua família, Léa resolveu romper. Ele tentou reconquistá-la oferecendo-lhe joias e roupas íntimas de luxo.

Ela resistia às vezes, cedia com frequência, mas sua vida se desagregou. No terreno profissional, pôs-se em situação de risco: até então irrepreensível, ela já não merecia confiança e acabou perdendo o emprego. Fisicamente, sua saúde se deteriorou, ela passou por crises de angústia, distúrbios do sono, períodos em que não comia, outros em que se enchia de chocolate, permanentemente sobressaltada. Uma amiga comentou a seu respeito: "Ela já não tinha mais muita coisa a ver com a pessoa equilibrada, respeitosa e divertida que sempre fora. Era como se estivesse hipnotizada, transformada numa espécie de marionete manipulada por ele."

Léa acabou por se divorciar do pai de seus filhos, casando com Patrick, mas paradoxalmente foi com o casamento que a história pareceu chegar ao fim, como se o objetivo tivesse sido alcançado. A partir desse momento, com efeito, ele se tornou detestável, insultando-a sem motivo, maltratando-a, recriminando-a. No dia seguinte ao casamento, cancelou a viagem de lua de mel e anunciou que não queria que ela usasse seu nome. Embora tivesse comprado uma casa "para ela", não permitia que se instalasse depois do casamento, apesar de ter sido rompido o contrato de aluguel do apartamento onde ela morava com os filhos. Léa só conseguiria revalidá-lo com ajuda do ex-marido.

Patrick e ela viviam, portanto, mais ou menos separados, mas nem por isso ele deixava de assediá-la. Esperava-a na rua, seguia-a aonde quer que fosse e cobrava seus direitos "como marido". Como ele ficara com as chaves do apartamento de Léa, ela às vezes se deparava com ele em sua casa à noite ou então encontrava traços de sua passagem em casa ou em seu carro.

Três anos depois, pressionada pelas amigas, ela decidiu se divorciar. Diante do juiz, ele chorou e posou de vítima de uma mulher calculista que arquitetou tudo. Mas Léa não fez nenhuma exigência, senão que ele pagasse durante um ano uma indenização que lhe permitisse alugar um apartamento até encontrar trabalho. O juiz, contudo, considerou que não estiveram casados por tempo suficiente, tratando-se apenas da "história de duas pessoas que se enganaram".

Mais tarde, Léa disse a respeito dessa relação: "Ele era pura conversa, me levava na confusão e na mentira, deturpava as coisas, adaptava tudo à sua realidade. Eu ficava procurando desculpas para ele, achava que não era culpa sua, e que, se ele era assim, era por ser manipulado por uma ex-mulher perversa." Declarou também: "Ele revelou uma parte minha que não me agrada, levou-me a fazer coisas que eu não considerava aceitáveis."

De que falha ele tentou se aproveitar nela? Léa apresentou a seguinte explicação: "Minha mãe possuía um comportamento parecido com o desse homem, e meu pai me pedia que fosse muito compreensiva com ela, e assim eu sempre tive de um comportamento exemplar, boa filha, boa esposa, boa mãe."

* * *

AS PESSOAS VISADAS

Num artigo intitulado "Papel da vontade e do poder", Masud Khan, psiquiatra inglês, de que voltaremos a falar — para entender por que conhecia tão bem o tema da perversidade —, conta uma história clínica muito semelhante.[1]

Sua paciente relatou uma ligação que teve aos 24 anos com um homem muito mais velho e, além do mais, feio e sem nada de especial. Pouco depois de se conhecerem, eles viveram durante uma semana uma "autêntica orgia de prazeres programados", mas o comportamento desse homem viria em seguida a se tornar imprevisível. "Ele telefonava inesperadamente para convidá-la para almoçar, fazia amor com ela e depois desaparecia completamente." Essa mulher relata que não conseguia resistir às intrusões dele em sua vida.

Ele a levou a romper com seu noivo e depois "a instalou num pequeno apartamento, sem que ela jamais conseguisse saber quando ele iria vê-la. Insistia em que ela continuasse a trabalhar e, ao mesmo tempo, zombava do seu desempenho, desvalorizando-o. Tinha, portanto, alcançado seu objetivo: conseguira desmoralizá-la e levá-la a duvidar da própria capacidade profissional, tornando-a totalmente dependente dele". (...) "A humilhação imposta à companheira decuplicava diabolicamente o prazer sexual do homem. (...) A paciente se despersonalizava cada vez mais e, ao mesmo tempo, parecia enfeitiçada por sua posição de vítima." Ele

---

[1] Khan, M., "Rôle de la volonté et du pouvoir", in *Figures de la perversion*, Gallimard, tradução francesa de 1981. *Alienation in Perversions*, 1979.

138   ABUSO DE FRAQUEZA E OUTRAS MANIPULAÇÕES

a obrigava então a participar de relações a três com parceiros antipáticos. "Ela ficava desorientada por ter sido capaz de aceitar com tanta intensidade e passividade que essas coisas lhe acontecessem."

Masud Khan afirma que o equívoco dos psicanalistas consiste em encarar a dinâmica em questão do ponto de vista de apenas uma das partes. No caso recém-exposto, "a vontade *ativa* do homem não teria tido efeito se não tivesse encontrado a vontade *passiva* da paciente." Vontade passiva decorrente, no caso, de uma longa crise de depressão da jovem antes de entrar para a universidade. Acontece que ao conhecer o amante ela estava muito angustiada com a ideia de mergulhar numa depressão aguda. Masud Khan resume assim a situação: "A evasão (*break-out*) pela perversão é o contrário da queda (*break-down*) na incapacitação e na depressão aguda."

O livro de Masud Khan, *Alienation in Perversions*, foi publicado em inglês pouco tempo depois das primeiras pesquisas de Zuckerman sobre a busca de sensações. Zuckerman se interessava pelos usuários de substâncias psicoativas, mas também pela prática de esportes perigosos e, de maneira geral, pela exposição ao risco. Segundo ele, o amante de sensações é um "indivíduo que precisa de experiências e sensações variadas, novas e complexas, com o objetivo de manter um nível ideal de ativação".[1] Esses indivíduos podem buscar o efeito estimulante de um comportamento de risco para combater estados

---

[1] Zuckerman, M.; Bone, R. N.; Neary, R.; Mangelsdorff, D.; Brustman, B., "What is the sensation seeker? Personality trait and experience correlates of the sensation seeking scales", in *Journal of Consulting and Clinical Psychology* 39, 308-321, 1972.

AS PESSOAS VISADAS

de vazio e tédio, assim como a falta de energia associada aos estados depressivos.

É o que vamos constatar em nível clínico. Uma de minhas pacientes, vítima de um homem particularmente destrutivo, dizia-me: "Eu sei que ele me faz mal, mas quando ele não está presente eu fico sozinha diante do meu vazio." Outra me relatava em tom neutro as cenas extremamente violentas que vivia nas mãos de seu companheiro, mas continuava com ele, pois pelo menos sentia algo, embora fosse com mais frequência sofrimento que felicidade. E com efeito a convivência com um perverso, através de suas transgressões, proporciona excitação a uma pessoa visada, especialmente se ela estiver num estado subdepressivo. Isso leva a aceitar as mentiras e manipulações, que servem para "despertá-la" e lhe permitem viver momentos intensos.

Catherine Breillat sabia que Rocancourt era um impostor e um escroque, mas se julgava à altura, colocando-se no mesmo nível de desempenho que ele: "Ele era arrogante. Eu era arrogante." Ela realmente precisava de excitação para não mergulhar na depressão, pois estava hemiplégica desde um acidente vascular cerebral em 2005. Referindo-se a si mesma como um "meio-cadáver", ela buscava assim voltar a viver.

É o tédio ou uma desilusão com a vida que leva a aceitar qualquer ilusão como analgésico, e é um mistério a maneira como se dá o enganchamento. Se os relatos inacreditáveis dessas pessoas despertam nossa curiosidade é porque, como Sheerazade, ficamos nos perguntando o que pode haver por trás da porta. Eles atiçam nosso desejo injetando suspense na relação, conseguem nos reanimar,

140 ABUSO DE FRAQUEZA E OUTRAS MANIPULAÇÕES

como aconteceria com um bom romance policial ou um filme de Hitchcock. É claro que pode ser perigoso segui-los, mas achamos que não estamos correndo nenhum risco, como ao ver um filme, e que poderemos parar quando quisermos ou pelo menos controlar as coisas. Ledo engano! Os perversos nos arrastam além dos nossos limites, e, ultrapassado um certo limiar, não há mais volta possível.

Uma vez fisgado o peixe, o sujeito visado se deixa levar passivamente para não precisar mais enfrentar as próprias dúvidas. Como por magia, o manipulador sabe melhor que ele o que lhe convém, pensando no seu lugar: "Não deixa de ter uma certa grandeza e sempre dá uma certa alegria entregar-se à vontade de outra pessoa (como acontece com os apaixonados e os místicos) e se ver finalmente livre dos prazeres, interesses e complexos pessoais."[1] Passada a primeira aceitação, será que as outras não decorrem naturalmente? Cabe lembrar, aqui, as técnicas de manipulação cognitiva descritas no primeiro capítulo deste livro — o dedo na engrenagem ou a técnica de indução: vimos então que o envolvimento pode levar a uma escalada, radicalizando um comportamento ou uma decisão.

Se aprofundarmos a investigação sobre os apreciadores de sensações, tudo indica que sejam mais suscetíveis que outras pessoas a se tornarem dependentes de alguma substância psicoativa. Considerando-se que os mecanismos de dependência psicoafetiva são idênticos, podemos supor que é alto para esses indivíduos o risco de adições psíquicas — *a fortiori* se forem dolorosas. De fato, segundo a francesa Solange Carton, especialista em emoções, são os estímulos de tonalidade emocional negativa que proporcionam

---

[1] Paulhan, J., *Du bonheur dans l'esclavage*, prefácio a *Histoire d'O*, de Pauline Réage, Jean-Jacques Pauvert, 1954.

AS PESSOAS VISADAS

os níveis mais altos de ativação interna.[1] Em todos esses casos, trata-se de criar dependência afetiva no outro, de torná-lo "dependente" da relação. Entramos, então, no terreno de uma autêntica adição ao outro, da mesma ordem que a dependência a uma droga. E se estabelece uma relação assimétrica entre os parceiros, provocando muito sofrimento psíquico no sujeito dependente. Ele vai idealizar excessivamente o parceiro, negando seus próprios desejos para procurar atendê-lo.

Às vezes, por outro lado, a pessoa visada aceita as mentiras por cansaço, depois de um longo assédio, simplesmente para evitar um conflito fatigante que de antemão sabe sem saída. Eis o relato de uma mulher manipulada durante muito tempo por um cônjuge narcisista e perverso:

"Era um desses fins de semana de verão sem a mais leve brisa. A previsão do tempo falava sobre um anticiclone na Europa. Apesar das condições desfavoráveis para velejar, meu marido foi para o mar, deixando as crianças comigo.

"Quando voltou, tinha numa das bochechas um grande risco negro, como se fosse a marca de um chicote. E foi logo explicando: 'Sim, parece mentira, mas nós ficamos enlouquecidos e eu tive de abrir o joanete. Ele bateu, e a escota me chicoteou o rosto!' Uma tempestade localizada exatamente no local onde ele se encontrava? Naturalmente, era mentira, mas eu nem fiz a pergunta. 'Fechei' minha mente. Será que o fiz porque sabia que, se discutisse com ele mais uma

---

[1] Carton, S., "La recherche de sensations: quel traitement de l'émotion?", *Psychotropes*, 2005, 3, vol. 11, p. 121-144.

142 ABUSO DE FRAQUEZA E OUTRAS MANIPULAÇÕES

vez, haveria de me confundir, e eu acabaria sendo acusada de inventar histórias, de ser complicada, paranoica, histérica?

"Eu apaguei tudo, como se, inconscientemente, soubesse que aquilo me magoaria, e, como acontecia sempre que ele mentia, sorri, falei das crianças e a coisa desapareceu, como se nunca tivesse existido."

Inconscientemente, as pessoas preferem acreditar na história que lhes é contada, ainda que estejam mentindo para si mesmas. Buscam compensar uma falta, mesmo com uma mentira. Com efeito, se os vigaristas que acenam com lucros recordes raramente são denunciados, é, por um lado, porque as vítimas têm vergonha de se deixarem enganar, e, por outro lado, porque é difícil para elas pôr fim ao sonho de enriquecimento:

"Potencialmente sem ter onde morar, entreguei os últimos 200 mil a Christophe, como um jogador aposta sua abotoadura de diamantes depois de ter perdido a camisa. A vertigem do jogador é justamente pôr tudo a perder."[1]

A exemplo dos jogadores que perderam muito e esperam se recuperar, quanto mais absurdo for, mais necessário será seguir em frente, na tentativa de se dar uma chance de não ter jogado à toa. Foi assim que Catherine Breillat continuou a dar dinheiro àquele que já a havia deixado meio arruinada:

"Tudo estava perdido, exceto um paradoxo. O Rouco [Rocancourt] representava a última sensação de segurança

---

[1] Breillat, C., *Abus de faiblesse*, op. cit.

AS PESSOAS VISADAS

antes do vazio absoluto. Eu só tinha a escolha de segui-lo e ver que ele conseguia. De sua vitória dependia a minha, assim como a possibilidade de recuperar meu dinheiro."[1]

Os mesmos estudos realizados por Solange Carton em 1995 mostraram que a tolerância aos riscos é muito mais alta quando os benefícios esperados são consideráveis. Se relacionarmos isso com golpes e fraudes, poderemos dizer que quanto mais absurdo for, mais funcionará — como veremos a respeito do caso Madoff.

Um bom manipulador sabe explorar as dúvidas e angústias do indivíduo que visou. Diante de suas escolhas ou em meio a suas dúvidas quanto ao futuro, ele propõe uma felicidade fácil, uma solução mágica que o dispensa de buscar por si mesmo o seu caminho. "Haveria acaso uma quimera tão extravagante que os homens não estejam dispostos a acreditar, desde que ela lhes permita ter esperança no fim de seus tormentos?" Numa época em que somos levados a acreditar que tudo é possível, parece difícil aceitar nossa mediocridade humana, os amores incertos, a vidinha modesta, com suas obrigações profissionais e seus finais de mês difíceis. Como nos contentar com o que temos, com o que somos? Há quem prefira sonhar com todas as possibilidades, o amor absoluto, uma imensa fortuna, na expectativa de que esse sonho possa tirá-lo da insatisfação com a própria vida.

Em meu livro *Assédio moral: A violência perversa no cotidiano*, mostrei que as vítimas são escolhidas porque aceitam a sedução, e o sedutor enxerga nelas uma falha, quase sempre no terreno da desvalorização

---

[1] Idem.

144 ABUSO DE FRAQUEZA E OUTRAS MANIPULAÇÕES

e do sentimento de culpa. É o que as leva a ser excessivamente tolerantes, mostrando-se dispostas a entender e perdoar tudo.

Julien, vítima de uma mulher por ele descrita como temível, diz-nos: "Não consigo resistir a ela. Quando a vejo chorar, mesmo sabendo que está mentindo, que é uma comédia, não consigo deixar de acreditar nela. É como se o seu sofrimento fosse mais importante que o meu, como se eu precisasse salvá-la."

É também em virtude do vazio interior e de uma falta de limites que essas pessoas se mostram mais suscetíveis à dominação: como são incapazes de sentir com nitidez a fronteira entre si mesmas e os outros, fica mais fácil a intrusão em seu território psíquico.

Os estudos sobre os apreciadores de sensações vão mais longe, mostrando que esses indivíduos teriam uma percepção muito vaga dos próprios sentimentos e emoções, buscando o perigo e os riscos para ter a sensação de existir. Como veremos no próximo capítulo, a falta de emoção também é uma característica dos escroques e impostores. No fim das contas, poderíamos dizer que os manipuladores e seus alvos se coordenam para regular um déficit emocional.

4. SUJEIÇÃO AMOROSA OU SEXUAL

Como vimos no caso do doutor Trouillard-Perrot, certas pessoas justificam sua sujeição ao parceiro com o amor.

AS PESSOAS VISADAS

Podemos efetivamente considerar a paixão amorosa como uma forma de loucura sem delírio, que leva a uma cegueira e a uma alteração do discernimento. Em seu livro *Psicologia das massas e análise do eu*, Freud compara a hipnose ao estado amoroso: "A mesma submissão humilde, a mesma docilidade, a mesma ausência de crítica em relação ao hipnotizador e ao objeto amado. A mesma anulação da iniciativa pessoal; nenhuma dúvida, o hipnotizador tomou o lugar do ideal do eu."[1] Ele constata que, no amor passional, o eu do apaixonado se esvazia em proveito do objeto, que se torna "cada vez mais grandioso". Segundo ele, a paixão amorosa leva a uma submissão ao objeto, a uma idealização que falseia o discernimento, a uma perda de todo espírito crítico.

A paixão amorosa é da ordem da crença, e, como assinala o filósofo Nicolas Grimaldi a respeito do fanatismo, "um fiel se sente tanto mais dispensado de conhecer na medida em que acredita mais. E se sente tanto menos crédulo na medida em que é mais crente".[2] O paradoxo da crença está no fato de ser considerada tanto mais verdadeira na medida em que estiver mais distante de toda verdade. Quanto mais crédulo alguém for, menos julgará sê-lo. Quanto menos digno de crédito for algo, mais se haverá de acreditar. E por sinal, a propósito dessas crenças, o filósofo fala de "demência ordinária", levando à adesão de "tantos homens amantes da verdade às mais extravagantes mentiras, e tantos homens amantes da justiça a regimes de terror".

---

[1] Freud, *Psychologie des foules et analyse du moi*, in *Essais de psichanalyse* (1921), Payot, Paris, 1985.

[2] Grimaldi, N., *Une démence ordinaire*, PUF, 2009.

146   ABUSO DE FRAQUEZA E OUTRAS MANIPULAÇÕES

Se é necessário estabelecer uma primeira distinção entre o estado amoroso, que é um estado narcisista, e o amor verdadeiro, que é construído com o tempo, devemos também separar a ilusão amorosa proposta por um manipulador perverso. Nesses casos, a pessoa visada se apaixona unicamente pela imagem que lhe é apresentada pelo manipulador. Conhece apenas uma isca, um chamariz destinado a atrair a caça; é enganada.

Depois de alguns anos de solidão, que se seguiram ao divórcio, Anne, jovem bem-comportada que exerceu uma profissão no meio artístico, decidiu inscrever-se num site de encontros, escolhido por sua boa reputação. Em seu perfil, ela afirmava buscar uma relação séria com um homem livre.

Algum tempo depois, recebeu uma mensagem de David, dizendo sentir-se atraído por seu perfil e sua apresentação. Depois de algumas trocas, ele marcou encontro com ela num café. Falou-lhe então com muita simplicidade da sua solidão desde que sua mulher o deixou por outro, e de seu trabalho como diretor de uma grande empresa, que não lhe dava muito tempo para encontros.

Os dois voltaram a se encontrar, trocaram confidências e a relação se tornou mais íntima. A cada vez, ele falava muito de si, nada escondendo de sua vida social muito ativa. No início, ela se sentia em dúvida: "Que será que um homem como ele fazia com uma mulher como eu?", mas ele a tranquilizou, mostrando-lhe que, apesar da intensidade de sua vida profissional, podia estar disponível para ela.

Por acaso, ela descobriu na internet que ele não era divorciado e que era mais velho do que declarou. Como ela lhe pediu explicações, ele retrucou que isso não mudava nada:

AS PESSOAS VISADAS

"Eu tenho uma vida familiar, por um lado, e, por outro, uma vida amorosa." Anne hesitou, mas preferiu acreditar que David devia realmente gostar dela, pois, apesar de uma vida profissional intensa e de sua família, passou muito tempo em sua companhia. Eles se encontravam uma ou duas vezes por semana, e nesses dias ele dormia na casa dela; iam juntos ao teatro, a exposições e às vezes até ao golfe.

Certo dia, estando junto, ela insistiu para que prolongassem momentos tão agradáveis. Ele, então, telefonou diante dela para cancelar um compromisso profissional: "Não posso ir, meu filho teve um acidente de patinete." Anne ficou chocada com a facilidade com que David mentiu: se ele mentia invocando coisas tão graves, devia mentir também sobre outras de menor importância. Ela aproveitou, então, para lhe perguntar se ele continuava a entrar no site de encontros. Ele afirmou que não, acrescentando que, por sinal, cancelaria sua inscrição e lhe daria a sua senha.

A relação entre os dois teve prosseguimento, sempre agradável para Anne, até o dia em que, nas férias de verão, ele se tornou estranhamente frio, dizendo temer que ela se tornasse amorosamente dependente dele. Aproveitou, então, o afastamento geográfico para lhe mandar um SMS estabelecendo uma certa distância. Anne começou a se fazer perguntas. Teria ele conhecido alguém? De posse da senha de David, ela entrou no site de encontros e descobriu, pasma, que ele nunca parou de buscar outras mulheres. A todas elas fornecia as mesmas informações que lhe dera, falando de seu êxito profissional com as mesmas frases, citando artigos

148 ABUSO DE FRAQUEZA E OUTRAS MANIPULAÇÕES

de jornal a seu respeito, referindo-se a suas leituras (livros recomendados por ela), a peças de teatro que vira (em sua companhia), propondo um encontro imediato, no mesmo café onde encontrara Anne, e tratando de voltar a vê-las logo.

Ela descobriu, estupefata, que não era a única amante: "Como é que ele consegue se encontrar com todas essas mulheres e ainda tem tempo para trabalhar e manter uma família?" Quando ela tentava falar do assunto, ele explicava que era preciso ter uma atitude positiva na vida e se definia como alguém passageiro: "Estou de passagem na sua vida."

Anne ficou furiosa. "Ele sabia quem eu era, deixei bem claro que queria uma relação séria com um homem livre, e me dou conta de que ele mentiu desde o início, de que não me respeitou."

Furiosa, ela encaminhou para a mulher de David o perfil que ele criou no site de encontros, e, graças à sua senha, alterou o seu perfil: "Profissão: varejista; altura: 1,58m; peso: 86kg; careca; incapaz de viver sem sua mulher nem seu BlackBerry etc."

Na mesma noite, ela recebeu no celular uma mensagem de David com ameaças: "Isso vai ter volta, espero que tenha um bom advogado!" Dois dias depois, recebeu um e-mail do advogado do ex-amante, intimando-a a devolver os documentos. Ela se disse disposta a fazê-lo em troca de um pedido de desculpas, o que, naturalmente, David se recusou a fazer: nesse caso, ele se considerou a vítima.

Anne sentiu essa fraude sentimental como uma injustiça: "Ele brincou comigo. Atacou uma pessoa que sabia mais fraca. Para ele, as consequências são mínimas, pois dispõe

AS PESSOAS VISADAS

dos advogados de sua empresa, ao passo que, para mim, consultar um advogado representa um gasto considerável. Estou magoada, ferida, e ele, apenas incomodado."

Em seu desprezo pelas mulheres, esse homem não imaginara que Anne poderia reagir e querer se vingar. Segundo ele, uma mulher de profissão subalterna no mundo dos espetáculos só poderia submeter-se. Terá sentido alguma satisfação ao rejeitá-la? Provavelmente não. No fundo, Anne lhe era indiferente, não passava de uma mulher entre outras, preenchendo um pouco do seu vazio interior. Provavelmente não se sentiu responsável pelo sofrimento que ela manifestou ao desmascará-lo. Em compensação, foi tomado de raiva e indignação quando se viu por sua vez atacado. Assumiu, então, a atitude de vítima de uma mulher que inventava histórias.

Esse relato parece inacreditável? Infelizmente, é tristemente banal. Com a internet, é possível mentir em perfeita impunidade, esconder-se por trás de pseudônimos, inventar uma nova vida, uma nova identidade. O erro de David foi sua arrogância. Se se deixou apanhar foi porque não conseguiu deixar de exibir seu sucesso, de mostrar os artigos a seu respeito nos jornais. Muito seguro de si, não se escondeu o suficiente.

Nessas paqueras na internet, o outro, apesar do contato físico, é apenas virtual; pode-se magoá-lo, matá-lo, e cabe apenas a ele, se tiver a energia necessária, apertar o botão *reset* para voltar a viver. A posição social superior desses homens (e mais raramente das mulheres) os leva a se sentirem todo-poderosos, dispondo de recursos materiais para se sair sem problemas. Tais comportamentos deixam transparecer desprezo pelas parceiras, consumidas com indiferença.

150   ABUSO DE FRAQUEZA E OUTRAS MANIPULAÇÕES

* * *

Nas fraudes amorosas e no assédio sexual que vamos analisar em seguida os procedimentos são rigorosamente idênticos. Trata-se de levar uma pessoa, antes pela persuasão que pelo constrangimento, a aceitar rapidamente uma relação íntima, para se aproveitar dela.

Esses indivíduos começam por se impor fisicamente, telefonando com frequência (Nicole Prévost telefonava ao médico várias vezes por dia), estando constantemente presentes; depois, passam a se impor no psiquismo da pessoa a partir de um discurso invasivo, palavras intrusivas e que induzem certas ideias. Michel Trouillard-Perrot, por exemplo, não soube dizer quem tivera primeiro a ideia de cometer o homicídio, mas cabe imaginar que a vontade de Nicole Prévost foi suficiente para inspirá-la.

Tais procedimentos são muito parecidos com o assédio por intrusão ou *stalking*. Nesse tipo de assédio, um indivíduo se infiltra na vida de outro, invade sua intimidade com atenções indesejadas, sejam positivas ou negativas.

Aquele que assedia começa por uma fixação em determinada pessoa, passa a segui-la nas ruas, a vigia, assediando-a com telefonemas e e-mails, podendo acabar por agredi-la. Diante dessa invasão, a vítima inicialmente sente-se apenas incomodada e tenta desencorajar seu perseguidor, que aparece como um apaixonado insistente. Vem então o medo, quando começam os insultos e ameaças, alternando com declarações de amor, até que a vítima se veja na impossibilidade de reagir, esgotada sua capacidade de adaptação. O assédio por intrusão quase sempre parte de um ex-cônjuge ou namorado que se recusa a desistir da antiga companheira, como se ela fosse uma posse sua, mas também pode ser um estado quase delirante da parte daquele que assedia. Como a justiça não é capaz de uma solução eficaz, a vítima muitas vezes se vê obrigada a se mudar, ou às vezes até a mudar de trabalho. Enquanto em quase todos os países anglo-saxônicos foram promulgadas leis contra o *stalking*, na França a polícia não interfere enquanto não forem produzidos fatos tangíveis, e a justiça só toma medidas para impor distância por duração muito limitada.

O assédio sexual não é muito diferente do *stalking*. Também nesse caso, a relação "se impõe" progressivamente: aquele que assedia (cabe esclarecer que, como são muito mais numerosos os homens que cometem assédio sexual, optei por mencioná-lo no masculino, embora também possa ocorrer o inverso) pressiona a pessoa visada para que aceite uma relação íntima que, em sua opinião, não aceitaria espontaneamente. Não se trata, de modo algum, da pressão afetuosa de um apaixonado tentando convencer ou seduzir um parceiro que o agrada, mas de uma manobra perversa com o objetivo de penetrar o psiquismo do outro. O objetivo é exercer dominação sobre a vítima, ou seja, deixá-la em estado de sujeição psicológica. É verdade que podemos considerar tênue o limite entre um homem que corteja insistentemente uma mulher e um homem que "quer" uma mulher e a assedia para tê-la. Teoricamente, todos podemos perceber a diferença entre uma pressão afetuosa e respeitosa e uma pressão abusiva, e deveríamos resistir. Porém, basta que aquele que assedia seja particularmente hábil ou poderoso, ou ainda que nossos limites tenham sido anteriormente desgastados, para que ele acabe conseguindo o que quer.

152 ABUSO DE FRAQUEZA E OUTRAS MANIPULAÇÕES

Em todos esses relatos, constatamos que a pessoa cede porque seu psiquismo foi saturado por pressões psicológicas. Não seria exatamente essa a definição de sujeição psicológica? Trata-se, pelo menos no terreno moral, de um abuso de fraqueza, pois a relação é desigual.

Laura foi contratada como assistente de direção e chefe de projeto por uma empresa que estava sendo criada por Yves.

"Desde o início, Yves infernizou minha vida, ao mesmo tempo dando um jeito de entrar nela. Por uma questão de organização prática, muitas vezes ele vinha me buscar em casa pela manhã. Quando dispunha de algum tempo livre eu tinha de almoçar e jantar com ele. Eu achava que era demais, mas tentava banalizar a coisa.

"Ele estava constantemente fazendo alusões, comentários ambíguos que nunca eram suficientemente graves para que eu me ofendesse, mas que, somados, representavam uma verdadeira armadilha para mim. No início, eu não reagia para não parecer pudica demais, mas quando essas observações se tornaram mais diretas eu já não era capaz de reagir e continuava a sentir culpa por interpretá-las mal.

"Não demorou, e ele tentou me beijar, me empurrando contra uma parede do meu escritório. Cheguei inclusive a sentir várias vezes que ele poderia recorrer à força. Lutei para que ficasse no seu devido lugar, para que não se aproximasse de mim. Bastava que eu me distanciasse geograficamente dele e os telefonemas para o meu celular eram contínuos, e quando eu voltava para casa de noite ele me ligava sistematicamente durante meu trajeto de carro.

AS PESSOAS VISADAS

"Eu quis resistir, pedi que ele parasse, mas ele não ouvia. 'Eu sei que você gosta disso', dizia. Eu continuava na esperança de que ele entendesse meu sofrimento e de que tudo acabasse, mas ele achava que sabia melhor que eu o que era bom para mim. Apresentava-se como meu salvador: 'Você só faz besteira na vida, precisa de mim.' Ele alimentava a confusão, interpretava o que eu dizia, sempre encontrando alguma maneira de estar com razão. Eu era uma presa fácil porque estava em busca de autoconfiança, angustiada com a ideia de parecer uma boboca.

"Aos poucos, fui me sentindo incapaz de reagir. A única defesa que encontrei foi ficar completamente passiva, distante, reticente. Não tinha mais nenhum senso crítico, qualquer coisa acabava me convindo. Eu estava esgotada com tudo que ele exigia de mim, sua presença constante, as discussões intermináveis, nas quais sempre acabava me convencendo.

"Nas viagens profissionais, toda noite ele vinha bater na minha porta. Eu abria, aterrorizada com a ideia de que ele fosse visto diante da minha porta. Temia também sua reação caso eu não abrisse, então o convidava a entrar e ficava falando para adiar o momento em que ele haveria de me tocar. Segundo ele, tudo que acontecia era normal, só a minha resistência não era. Eu tinha de permitir que ele se comportasse assim, pois eu gostava daquilo, segundo dizia. Cansada, desgastada, eu desistia. Passava o resto da noite tomando um banho para me lavar de tudo aquilo, livrar-me do seu cheiro.

"Eu reagia muito mal àquilo tudo, pois me sentia culpada por ser 'bela demais, desejável demais'. 'A culpa é sua, você me deixa de pau duro!' Culpada por não ter sido capaz de reagir. Também sentia vergonha por vê-lo tão próximo de mim, vergonha de não conseguir me defender. Tinha muito medo de que ele falasse com meu marido, com todo mundo.

"Ele me isolou completamente dos colegas, anexou o meu escritório ao seu. Passava muito tempo me ajudando com o meu trabalho, chegando até, às vezes, a redigir para mim, tornando assim sua presença necessária. Como não me deixava um segundo sequer, todo mundo no trabalho achava que estávamos perdidamente apaixonados um pelo outro. Nas reuniões, falava em meu nome, ou então, quando eu dizia alguma coisa, imediatamente fazia um comentário depreciativo ou humilhante. Quando eu o mantinha a distância, ele demonstrava o quanto poderia prejudicar meu trabalho e tornava-se ameaçador, frio, ofensivo, deixando-me em situação difícil e negando-me informações necessárias ao trabalho. Comportava-se desagradavelmente, sobretudo quando eu dizia "não", e até mesmo de forma odiosa com toda a equipe, que passava a imitar seu comportamento em relação a mim. Eu era acusada de ser a responsável pelo seu mau humor.

"Eu tinha emagrecido, fumava e bebia muito, às vezes me sentia oprimida, cansada, angustiada. Eu me desdobrara em duas: por um lado, minha vida profissional junto a esse homem que me invadia, e, por outro lado, minha vida privada, em que parecia que estava vivendo de novo.

AS PESSOAS VISADAS

"Só consegui me salvar caindo doente. Meu médico me conseguiu uma licença por motivo de saúde e eu contei tudo ao meu marido. Depois, pedi demissão. Atualmente, estou desempregada."

Na França, o assédio sexual é definido no campo penal como "o fato de assediar alguém com o objetivo de alcançar favores de natureza sexual" (art. 222-33). A definição é tão vaga que pode dar margem a todas as interpretações. A palavra "favor" é muito ambígua, antes remetendo a uma relação próxima do amor cortês, no qual uma dama concedia seus favores a um cavalheiro, do que a um abuso. Desse modo, para entender o que é o assédio sexual, mais vale recorrer à diretriz europeia 2002/73/CE, que o define como "a situação na qual ocorre um comportamento não desejado de conotação sexual, expressando-se física, verbal ou não verbalmente, tendo como objeto ou efeito atentar contra a dignidade de uma pessoa e especialmente criar um ambiente intimidante, hostil, degradante, humilhante ou ofensivo". Trata-se, portanto, de atitudes ou palavras ditas por um indivíduo, quase sempre um homem, em relação a um colega ou subordinado, no contexto do trabalho, com o objetivo de levá-lo a aceitar atos sexuais completos ou incompletos (toques, beijos) ou de acarretar mal-estar na pessoa visada. Toda atenção não desejada de natureza sexual ou todo comportamento que uma pessoa saiba ou deveria saber importuno é um assédio sexual. Pode variar de gracejos ofensivos ou contatos físicos impostos até avanços sexuais com a sugestão de que serão recompensados com uma melhor nota ou uma promoção. Pode tratar-se de um incidente isolado ou de vários incidentes reiterados.

156 ABUSO DE FRAQUEZA E OUTRAS MANIPULAÇÕES

O tipo de assédio sexual mais frequente consiste em um comportamento sedutor ambíguo. Aquele que assedia, inicialmente, mostra-se atencioso, quase paternalista, e começa a tentar obter confidências. Posteriormente, à medida que a vítima se sente desestabilizada e apanhada nessas ambivalências, a abordagem se torna mais insistente, até a imposição de atos sexuais.

Como acontece em qualquer abuso de natureza perversa, tem início uma primeira fase de sedução, durante a qual a mulher é confundida e desconcertada. Ela só é capaz de perceber alguns indícios como, por exemplo, uma familiaridade um pouco exagerada da parte de um colega ou superior. Mas não devemos esquecer que certos empregos nos quais as tarefas não são bem-definidas requerem um envolvimento que necessariamente se sobrepõe à vida privada. Onde se encontra o limite?

A etapa seguinte consiste em um arrombamento psíquico: aquele que assedia invade a intimidade da mulher e de sua vida privada. Pede-lhe, por exemplo, que permaneça no trabalho até tarde da noite, embora não se justifique, ou então lhe faz constantemente perguntas de caráter muito pessoal, de maneira geral tratando de se infiltrar aos poucos em sua vida.[1]

Como tudo isso ocorre de forma progressiva, a mulher se vê paralisada em sua defesa. Por que reagir hoje, se na véspera ela não disse nada diante de um comportamento semelhante? Mergulhada num estado de despersonalização, ela se vê agindo como se estivesse fora de si mesma.

A mulher aos poucos cai sob dominação e sua vontade é controlada. Ela demora a se conscientizar do que acontece, pois

---

[1] Hirigoyen, M.-F., posfácio a *Une histoire de harcèlement*, J J Millas, tradução francesa de 2006, Galaade Éditions.

o assediador orquestra toda uma série de manobras destinadas a impedi-la de pensar e, portanto, de reagir. Ela, então, não enxerga a armadilha e tampouco compreende seu próprio comportamento: "Eu não entendo por que não reagi." A pessoa visada também pode ser desestabilizada por alternâncias de gentileza e agressividade, clemência e severidade: "Ele me cumprimentou cheio de efusão numa conversa privada e depois me destruiu cruelmente numa reunião."

Em seguida vem a chantagem, com facilidade tanto maior se o agressor for um superior hierárquico. Quando uma mulher rejeita certos avanços, por sinal, o assédio por ela sofrido transforma-se muito claramente em assédio moral. Constata-se, então, de acordo com a definição francesa de assédio moral no trabalho, "uma degradação de suas condições de trabalho, capaz de atentar contra seus direitos e sua dignidade, de alterar sua saúde física ou mental ou de comprometer seu futuro profissional".

No assédio sexual, como na maioria das agressões de natureza perversa, a vítima carrega sozinha a culpa pela situação. O homem nada reconhece e torna a vítima responsável pela tensão sexual por ele sentida, criando desculpas para a agressividade daquele assediador. A vítima sente-se sozinha: aqueles que a cercam nada veem ou então fecham os olhos, achando que a mulher consente. Aqueles que seriam capazes de pôr fim a tais comportamentos, às vezes, optam deliberadamente por proteger o mais poderoso, ou seja, o agressor.

Depois da ligação de Dominique Strauss-Kahn com uma subordinada, Piroska Nagy, o FMI limitou-se a advertir seu diretor por esse "erro de avaliação". A jovem, contudo, havia declarado em sua audiência: "Acho que o sr. Strauss-Kahn é um líder brilhante, com uma visão para enfrentar a atual crise financeira mundial. Ele também é um homem agressivo, apesar de encantador. (...) Receio que esse homem tenha um problema capaz de torná-lo pouco adequado à direção de uma instituição na qual trabalham mulheres sob suas ordens."

Ela também dissera: "Eu tinha a sensação de estar liquidada se aceitasse e liquidada se recusasse."

Sempre é possível alegar que as mulheres precisam apenas dizer "não", um "não" firme e definitivo. Mas como resistir diante de tais pressões? Ao contrário do que acontece numa relação normal de sedução, é muito difícil opor-se a uma relação imposta por assédio sexual. Ainda que não chegue a se formular uma chantagem no emprego, as mulheres temem ser demitidas. Temem igualmente represálias, pois as ameaças fazem parte da tática.

É necessária muita coragem para recorrer à justiça, pois num processo por assédio sexual, como num processo por estupro, os defensores do acusado vão tentar desacreditar a vítima: foi ela que provocou o homem, chamava sua atenção ou então consentia, e assim a vítima passa à condição de acusada. E, de qualquer maneira, a mulher será magoada, seu passado será revirado, com tentativas de desmascarar suas mentiras ou deslizes, de expor sua intimidade. Desse modo, num processo judicial, as mulheres preferem muitas vezes se calar sobre o assédio sexual e abordar apenas o assédio moral, pois se envergonham. É verdade que nos dois casos o objetivo é o mesmo, humilhar o outro atacando-o na intimidade, e o que pode haver de mais íntimo que o sexo?

AS PESSOAS VISADAS

Por sinal, como fornecer provas de não consentimento? Em sua defesa, aqueles que assediam muitas vezes invocam o argumento de que teriam sido vítimas de um golpe, pois, como declarou um político acusado recentemente, a queixosa "não tem capacidade pessoal, psicológica e cultural de fazer uma coisa assim sozinha." Não poderia ficar mais claro o quanto a vulnerabilidade dessas mulheres era do seu conhecimento.

O exemplo que se segue demonstra bem as dificuldades da justiça diante desse tipo de delito:

O sr. D., advogado e subprefeito de uma cidade na jurisdição de um tribunal penal da região de Rhône-Alpes, foi condenado por assédio sexual contra a sra. R. num julgamento em 29 de junho de 2010.[1]

Várias mulheres haviam denunciado atos de conotação sexual da parte do sr. D.:

— duas estagiárias e uma empregada da prefeitura, todas três mulheres solteiras com filhos, denunciavam em especial toques nas coxas e nas mãos, além de beijos nas mãos;

— uma cliente do sr. D., por ele representada como advogado em seus processos judiciais, denunciava beijos forçados.

Duas delas apresentaram queixa, e a promotoria iniciou ação por assédio sexual contra atos cometidos pelo sr. D. na

---

[1] De acordo com comunicado de 7 de março de 2011 da AVFT (Associação Europeia para a Violência contra as Mulheres no Trabalho).

160 ABUSO DE FRAQUEZA E OUTRAS MANIPULAÇÕES

qualidade de subprefeito. Apenas uma das vítimas se constituiu em parte civil.

As agressões sexuais denunciadas pela sra. S., sua cliente, consideradas pelo tribunal como "acidentes", não deram lugar a uma ação judicial.

Nesse caso, a comprovação não apresentava dificuldades, levando em consideração a pluralidade de vítimas, as confissões parciais do acusado e a "constância, a objetividade e os detalhes" das violências relatadas, consideradas "particularmente dignas de crédito" pelo próprio tribunal.

A partir da definição do artigo 222-33 do Código Penal, considerando assédio sexual como "o fato de assediar, com o objetivo de obter favores de natureza sexual", o tribunal, retomando em parte a definição europeia de assédio por motivo de gênero, questionou-se quanto a essa questão do limite: "Resta definir, sem atentar contra a liberdade dos jogos do amor, a fronteira além da qual o comportamento é sexualmente de assédio. Um ponto de partida pode ser estabelecido se tivermos em mente que o assédio sexual é um comportamento ligado ao sexo da vítima, não desejado e suportado por ela, e tendo para ela efeitos degradantes ou humilhantes."

O tribunal justificava, em seguida, sua decisão a respeito da sra. R.:

"Percebendo a fragilidade da vítima, que lhe falava de suas expectativas de emprego na região onde viviam, e valendo-se implicitamente do poder objetivo e subjetivo decorrente de sua posição de subprefeito, ele reiterava seus toques sem levar em conta recusas várias vezes reiteradas pela vítima, que lhe dizia que ela 'não ia para a cama' ou, segundo expressão relatada por ele mesmo, que não aceitava 'ser abatida'. Se os gestos incriminados, abraçar os ombros, beijar o rosto, acariciar as mãos e as coxas, são agressões leves, sua reiteração e acumulação constituem agravante, representando igualmente, em especial no contexto habitual das relações de trabalho e do simbolismo dos poderes de autoridade comunitária de que está investido o sr. D., transgressões graves cuja vítima não podia deixar de se sentir degradada e humilhada."

Mas a decisão tomada em relação à sra. C. demonstra bem como é difícil para os juízes fixar esse limite:

"Descritos pela vítima com grande precisão, objetividade e constância, os fatos não mereceram nenhuma contestação séria do sr. D. Embora se mantenha vago quanto às condições do convite, que poderiam constituir uma armadilha para o objeto de seu desejo, ele reconhece ter feito gestos inadequados, especialmente carícias na coxa, contra a vontade da sra. C., e ter insistido, cometendo o erro de achar que a primeira recusa representava mera formalidade. Assim, o efeito psicológico e moral sobre a vítima, que se sentiu conspurcada pelas carícias insistentes e foi levada a chorar por vários meses, não pode ser negado, tanto mais que não sobreveio de maneira válida nenhuma reparação moral, particularmente pedidos de desculpa.

Entretanto, o contexto dos fatos, que transcorrem em ambiente privado, sua não reiteração, a aparente inexistência

162   ABUSO DE FRAQUEZA E OUTRAS MANIPULAÇÕES

de relação de dominação ou de coação e a ausência de consequência posterior no contexto profissional da vítima não convidam a entrar em via de condenação."[1]

Essa decisão provoca vários questionamentos que foram muito bem-contemplados pela AFVT: a formulação "objeto de seu desejo" é ambígua e pode levar a pensar numa relação amorosa. Com efeito, após o caso Dominique Strauss-Kahn, certos comentários nos meios de comunicação mostraram que algumas pessoas confundem sedução, assédio sexual e violência sexual — como se se tratasse de progressão numa continuidade. No primeiro caso, contudo, trata-se de uma relação, amorosa ou sexual, e nos outros, de uma autêntica violência.

Essa sentença conclui que a sra. C. imediatamente rechaçou os gestos inadequados, podendo-se portanto deduzir que não era de modo algum anuente. Afirma-se também que o sr. D. reconhece "ter insistido, cometendo o erro de achar que a primeira recusa representava mera formalidade", e que, portanto, estava plenamente consciente do abuso. Os juízes registraram a "ausência de relação de dominação ou de coação" para escorar sua decisão e também consideraram que os fatos se desenrolavam em contexto privado, pois os encontros ocorriam fora do ambiente de trabalho. Entretanto, quando um superior hierárquico convida um subordinado a tomar um café, seria cabível negar?

Ao mesmo tempo em que recusavam o conceito de consentimento, os juízes consideraram que se tratava de uma relação

---

[1] AVFT: Comunicado de 7 de março de 2011.

consentida entre dois adultos igualmente livres. Não seria contraditório?

Os conceitos de consentimento e recusa, de fato, não são interpretados da mesma maneira por todo mundo. Se as fronteiras entre a paquera admissível e o assédio são difíceis de estabelecer do ponto de vista jurídico, uma mulher que é vítima de assédio o "sente" em seu corpo, mesmo sem encontrar palavras para expressá-lo. Como mulher, pode ter suposto que não estava em condições de dizer "não", por não dispor da capacidade psíquica de se revoltar, de sair batendo a porta, ou então porque um trauma anterior tivesse confundido seus limites. Nesse caso, o homem identifica essas falhas e se aproveita delas. Não seria, então, um abuso de fraqueza, certamente que não no plano jurídico, mas no plano moral?

5. DOMINAÇÃO DAS SEITAS

O acréscimo da "sujeição psicológica" ao texto legal sobre o abuso de fraqueza foi redigido originalmente para proteger as vítimas de seitas. Paradoxalmente, contudo, as expressões "seita" e "manipulação mental" continuam sem uma definição jurídica. Não existem elementos objetivos para afirmar em que medida uma seita é diferente de uma religião tradicional ou de um movimento espiritual ou filosófico, sendo difícil quantificar o prejuízo psicológico que ela pode causar.

O relatório da comissão interministerial de vigilância e luta contra os excessos sectários, em 2006, sobre a proteção dos menores contra abusos sectários[1] fornece a seguinte definição:

---

[1] Miviludes, *La Protection des mineurs contre les dérives sectaires*, La documentation française, 2010.

164 ABUSO DE FRAQUEZA E OUTRAS MANIPULAÇÕES

"Os excessos sectários se caracterizam pelo estabelecimento de pressões ou técnicas tendo como objetivo ou efeito criar, manter ou explorar numa pessoa um estado de sujeição psicológica ou física, originando danos para essa pessoa ou para a sociedade."

O que pressupõe, portanto, a presença de três elementos:

— estabelecimento de pressões ou técnicas para alterar o discernimento;

— estado de sujeição psicológica;

— consequências nefastas para o indivíduo ou a sociedade.

À parte o conceito de periculosidade para a sociedade, essa definição em nada difere da definição de sujeição psicológica já mencionada.

O relatório da comissão parlamentar de 1995, mais preciso, relacionava da seguinte forma os perigos representados pelas seitas para o indivíduo:

— desestabilização mental;

— caráter exorbitante das exigências financeiras;

— indução à ruptura com o ambiente de origem;

— atentados à integridade física;

— arregimentação das crianças.

O enganchamento de um futuro adepto por um guru ou seus representantes segue-se às fases que descrevemos no capítulo sobre a dominação: sedução, isolamento, captação, culpabilização. A armadilha se fechou. Os leitores que desejarem conhecer melhor a psicologia dos adeptos são remetidos ao livro do psicólogo belga Jean-Claude Maes, *Emprise et manipulation, peut-on guérir des sectes?*.[1]

---

[1] Maes, J.-C., *Emprise et manipulation, peut-on guérir des sectes?*, Bruxelas, De Boeck, 2010.

AS PESSOAS VISADAS

* * *

A questão, mais uma vez, é a dos limites: em que momento o livre-arbítrio se transforma em dependência psíquica?

Um adepto afirma que sua adesão é plenamente deliberada. Muito bem, entretanto, como em qualquer abuso de fraqueza, podemos falar de vício de consentimento. "O adepto submete-se voluntariamente, a pretexto de iniciação, pois julga estar se engajando num processo de mudança, mas se dá conta quando já é tarde demais, isto é, quando se tornou dependente da seita, de que aquilo que lhe é dado não corresponde ao que lhe fora prometido e, sobretudo, de que lhe mentiram sobre o que estava envolvido em seu comprometimento."

Como em qualquer comportamento perverso, é difícil saber onde posicionar o cursor. Inclusive as seitas jogam com os limites em todos os terrenos. Onde traçar as fronteiras dos movimentos sectários? Em sua maioria, eles agem por trás da fachada de associações funcionando no limite da legalidade. Algumas se escondem atrás de uma máscara religiosa, pois o Estado não estabelece diferença entre uma religião e uma seita que se diz religiosa. Outras, cada vez mais numerosas, adotam uma fachada médica, psicoterapêutica, ecológica, cultural, ética ou mesmo comercial.

Atualmente, é no terreno da saúde que os excessos sectários fazem mais estragos. Por exemplo, medicinas alternativas questionam os médicos tradicionais, oferecem produtos milagrosos a preços mirabolantes e/ou preconizam o abandono de todo tratamento médico, inclusive contra o câncer. Algumas partem do princípio de que toda patologia resultaria exclusivamente de um problema psicológico: o doente poderia curar-se, assim, se evitar os tratamentos

166 ABUSO DE FRAQUEZA E OUTRAS MANIPULAÇÕES

convencionais. Essas seitas pseudomédicas dificilmente podem ser interceptadas, pois se baseiam em medicinas brandas, que não apresentam qualquer perigo, e muitas vezes se difundem pela internet, a partir de sites com sede no exterior.

Outras seitas se posicionam no terreno do psiquismo. A cientologia, assim, oferece um teste psicológico e um trabalho sobre si mesma. Algumas abrem muito espaço para técnicas de desenvolvimento individual, em resposta à demanda atual daquelas pessoas que procuram cultivar seu potencial para enfrentar as exigências do mundo do trabalho. A explosão do mercado do desenvolvimento pessoal e do *coaching* transformou-se numa forma privilegiada de penetração dos organismos sectários no meio da formação. E foi por sinal o que levou o Estado a regulamentar a profissão de psicoterapeuta, pois proliferavam as microestruturas baseadas em teorias duvidosas, pseudopsicanalíticas.

Por que adultos inteligentes e cultos se deixam enganar?

Causa estranheza às vezes que cientistas e médicos se deixem enganar por seitas, acenando com as afirmações mais disparatadas. Paradoxalmente, as pessoas de muito bom nível intelectual se revelam tanto mais vulneráveis na medida em que se consideram, por sua racionalidade, capazes de resistir à sugestão e à manipulação.

As seitas visam indivíduos em busca intelectual ou em situação de fragilidade emocional. Como assinalou o relatório da comissão de inquérito sobre as seitas na Assembleia Nacional, "o abalo das crenças tradicionais e dos grandes princípios de organização social causou decepções e frustrações, o que contribuiu para a proliferação de grupos que propõem uma explicação global do homem, novas religiosidades."

AS PESSOAS VISADAS

Poucas pesquisas foram efetuadas sobre o perfil psicológico dos adeptos. Apenas um estudo sobre antigos membros de seitas foi realizado por Jean-Claude Maes.[1] Segundo ele, "os adeptos são quase sempre neuróticos, ao passo que os gurus quase sempre são estados-limite, e mesmo paranoicos, em suma, num nível de desenvolvimento afetivo menor."

O mais doente dos dois não é, assim, o adepto, mas o guru.

De maneira geral, o perfil dos adeptos dos novos grupos religiosos é idêntico ao de toda vítima de manipulação. São pessoas normais que podem ter sido fragilizadas pontualmente por um episódio depressivo ou por dificuldades sociais ou familiares recentes. O indivíduo mais sólido pode enfrentar momentos de dúvida, questionamentos pessoais ou períodos de reavaliação.

É o que confirma esse estudo, mostrando que a maioria dos antigos adeptos viveu, no ano anterior, à adesão um luto real ou simbólico. Num momento em que estavam vulneráveis, o contato com a seita lhes ofereceu satisfações imediatas, amparo e uma linha de conduta já pronta. Os gurus o sabem muito bem, e alguns deles não hesitam em consultar os registros de falecimentos dos jornais para localizar possíveis adeptos.

A fragilidade da pessoa também pode ser estrutural. Os testes psicológicos efetuados por Jean-Claude Maes nesses antigos adeptos permitiram delinear alguns traços comuns. Não se pode afirmar, todavia, se representam uma condição prévia ou se não passam de consequência da manipulação:

— falhas na capacidade de se conduzir na vida;

— descontrole dos afetos;

— imaturidade afetiva;

---

[1] Maes, J.-C., *Emprise et manipulation, peut-on guérir des sectes?*, op. cit.

168   ABUSO DE FRAQUEZA E OUTRAS MANIPULAÇÕES

— dificuldade de identificação sexual;

— dificuldade de gestão da vida pulsional;

— dificuldade de gestão da falta, da depressão;

— dificuldade de integração da castração.

O poder da seitas, entre outras coisas, decorreria do fato de proporem respostas prontas aos futuros adeptos. Numa época em que o indivíduo é cada vez mais responsabilizado, pressionado, maltratado por obrigações contraditórias, e intimado a escolher, pode parecer repousante não precisar mais tomar decisões, não se sentir mais responsável por nada. O pensamento único proposto pelo discurso sectário satisfaz o adepto, eximindo-o de toda escolha pessoal, todo conflito ou toda diferenciação. Alguém sabe por ele, alguém tem as soluções para tudo. O esquema sectário é simples: o mal está lá fora, o bem, do lado de dentro. Não há mais necessidade de duvidar. Se houve uma ruptura entre o mundo exterior e a seita, segundo ela, é por ser a única a conhecer a Verdade. Fora dela, portanto, não há salvação.

Jean-Claude Maes, pelo contrário, considera que os adeptos potenciais estão em busca de responsabilidades, o que seria, segundo ele, um dos pontos de enganchamento da sedução sectária. São prometidas ferramentas graças às quais eles seriam mais responsáveis frente a si mesmos que frente aos outros.

Mas acima de tudo, ao apelar para ideologias de desenvolvimento pessoal e realização do eu, os novos movimentos sectários dão a ilusão de que uma vida melhor é possível, sem conflitos nem limites.

Como comprovar um dano?

Como em qualquer abuso de fraqueza, não é fácil comprovar um dano psicológico. É mais fácil demonstrar que adeptos foram destituídos de suas economias do que explicar a sujeição psicológica.

AS PESSOAS VISADAS

Desse modo, em virtude da falta de comprovação do abuso de fraqueza, a comissão de inquérito sobre a situação financeira, patrimonial e fiscal das seitas concentra-se nos orçamentos, receitas e situações fiscais das seitas identificadas. Foi assim que, no dia 2 de fevereiro de 2012, o Tribunal de Recursos de Paris condenou duas entidades da cientologia francesa a pagarem 600 mil euros de multa por "fraude em formação de quadrilha".

Para a justiça, a dificuldade consiste em identificar e sancionar os fatos comprovados, ao mesmo tempo respeitando a liberdade individual e coletiva. O título do primeiro relatório, redigido em 1985 por Alain Vivien, a pedido do primeiro-ministro, resume a questão: "As seitas na França: expressão da liberdade moral ou fatores de manipulação?"

Como identificar um excesso sectário?

A observação permite identificar alguns sinais:

— o grupo desenvolve uma ideologia alternativa radical e intolerante;

— o grupo tem uma estrutura autoritária e autocrática por trás de um guru vivo ou de uma elite restrita, herdeira de sua mensagem, e os adeptos são colocados em situação de dependência;

— o grupo propõe uma transformação dos indivíduos que exclui a autonomia;

— preconiza rupturas de todas as ordens, procedimentos que isolam as pessoas do seu meio familiar e dos amigos;

— instrumentaliza os indivíduos a serviço do grupo e de seus chefes, confinando-os numa dependência onerosa;

— explora as inquietações, os medos, e desenvolve o sentimento de culpa;

170 ABUSO DE FRAQUEZA E OUTRAS MANIPULAÇÕES

— torna problemática a perspectiva de deixar o grupo.

Cabe informar que os sites da Unadfi[1] e da Miviludes[2] na internet podem esclarecer o leitor.

O que fazer quando se acredita que um filho foi arregimentado?[3]

— não julgá-lo, não condená-lo de maneira apressada, lembrar-lhe que sua liberdade de opinião é respeitada, ainda que cause sofrimento, lembrar-lhe as suas divergências de opinião, não ridicularizar seus posicionamentos, ainda que pareçam absurdos;

— proteger-se de seus pedidos de dinheiro e das chantagens afetivas, não ceder às tentativas de sedução que partam dele para fazê-lo aderir a suas teses;

— não colocá-lo contra a parede, tomando cuidado para não reforçar uma paranoia que costuma ser alimentada pela seita;

— ainda que apenas para troca de banalidades, é necessário mandar mensagens nos aniversários ou festas de família e manter contato, ao mesmo tempo tendo consciência de que as mensagens eletrônicas provavelmente serão filtradas ou censuradas;

— manter aberta uma janela para o passado, mediante mensagens, indicando que ele não foi esquecido.

---

[1] www.unadfi.org (Union nationale des associations de défense de familles et de l'individu victimes de sectes).

[2] www.miviludes.gouv.fr (Mission interministérielle de vigilance et de lutte contre les dérives sectaires).

[3] Segundo o site da Unadfi.

CAPÍTULO III

MANIPULADORES E IMPOSTORES

"Toda canalhice repousa nisto, querer ser o Outro,
e me refiro ao grande Outro de alguém,
lá onde se delineiam as figuras onde seu desejo será captado."

(Lacan, *L'Envers de la psychanalyse*,
seminário de 21 de janeiro de 1970)

1. QUEM SÃO OS MANIPULADORES?

Todo mundo é capaz de manipular, e alguns fazem isso com excelência. A manipulação só se torna patológica quando as consequências no outro são nefastas, ou se ela se impõe como um registro de funcionamento exclusivo.

Como disse anteriormente, a eficácia da manipulação depende menos da predisposição da pessoa visada que da habilidade do manipulador. Essa, por sua vez, não decorre tanto de um aprendizado, mas de um funcionamento espontâneo, resultado de um distúrbio da personalidade. A maldade desses indivíduos é temida, mas é de sua inteligência que devemos desconfiar. Quanto mais sutis eles

172　ABUSO DE FRAQUEZA E OUTRAS MANIPULAÇÕES

forem, maior será o risco de cair em suas armadilhas, qualquer que seja a vigilância do interlocutor.

Entre os bons manipuladores, cabe citar certas personalidades narcisistas, como os perversos morais, e, entre eles, mais particularmente, os perversos. Cuidado, porém, para não taxar apressadamente alguém de perverso. É uma acusação grave, uma espécie de marca infamante. Um indivíduo "normalmente neurótico" pode recorrer a defesas perversas, mas a evolução de uma relação narcisista sadia para um funcionamento perverso é muito progressiva, cabendo portanto perguntar em que momento podemos falar de personalidade patológica. Cabe também distinguir a perversão narcisista das partes ou defesas perversas que integram outras problemáticas psiquiátricas.

Finalmente, como veremos no capítulo seguinte, não se deve esquecer que os comportamentos perversos se banalizaram. Transformaram-se numa nova norma, em primeiro plano das patologias psíquicas, ocupando aí um lugar muito mais importante que na época de Freud.

Se as classificações francesas, influenciadas pela psicanálise, falam de perversão moral ou de perversão de caráter, a classificação anglo-saxônica, baseada numa abordagem clínica puramente descritiva, situa essas patologias de caráter entre as personalidades narcisistas e as personalidades antissociais ou psicopatas.

As personalidades narcisistas são definidas da seguinte maneira no manual internacional de classificação das doenças mentais[1] (DSM-IV): "Modo geral de fantasia ou de comportamentos grandiosos,

---

[1] American Psychiatric Association. DSM-IV. *Critères diagnostiques*, Masson, Paris, tradução francesa de 1996.

MANIPULADORES E IMPOSTORES

de necessidade de ser admirado e de falta de empatia que se manifestam no início da idade adulta e estão presentes em contextos diversos, como revelado em pelo menos cinco das seguintes manifestações:

— o sujeito tem um senso grandioso da própria importância (por exemplo, superestima suas realizações e capacidades, espera ser reconhecido como superior sem nada ter realizado nesse sentido);

— é absorvido por fantasias de sucesso ilimitado, de poder, esplendor, beleza ou amor ideal;

— acredita ser "especial" e único, só podendo ser aceito ou entendido por instituições ou pessoas muito especiais e de alto nível;

— tem excessiva necessidade de ser admirado;

— acha que tudo lhe é devido: espera, sem motivo, desfrutar de um tratamento particularmente favorável e que seus desejos sejam automaticamente atendidos;

— explora o outro nas relações interpessoais: utiliza-o para alcançar seus objetivos;

— carece de empatia: não se dispõe a reconhecer ou compartilhar os sentimentos e necessidades do outro;

— muitas vezes inveja os outros, achando que eles o invejam;

— adota atitudes e comportamentos arrogantes e altivos."

Nos Estados Unidos, a palavra "perverso" remete essencialmente à perversão sexual. Não dispondo de um vocábulo específico para se referir a esses indivíduos frios e calculistas que nada respeitam, não sentem emoção nem compaixão, os americanos falam de "psicopatas". Entretanto, segundo o *DSM-IV*, os psicopatas que "apresentam tendência a enganar por lucro ou prazer, indicada por mentiras reiteradas, a utilização de pseudônimos ou de fraudes" geralmente são

174 ABUSO DE FRAQUEZA E OUTRAS MANIPULAÇÕES

pessoas impulsivas e incapazes de planejar de forma antecipada, ao contrário dos perversos morais, que sabem como adaptar-se, seduzir e sobretudo montar progressivamente uma estratégia para levar alguém a cair numa armadilha. Entretanto, os professores Paul Babiak (Nova York) e Bob Hare (Universidade da Colúmbia Britânica, Canadá) consideram que certos psicopatas podem dissimular durante muito tempo sua doença, seduzindo e manipulando os que os cercam. Prepararam nesse sentido um questionário de 111 pontos que serve para desmascará-los: "Quanto mais comprometido estiver o psicopata, melhores serão sua aparência, seu carisma e seu talento de orador (...). Devemos considerar os psicopatas como pessoas que têm à sua disposição um amplo leque de comportamentos: charme, manipulação, intimidação, tudo que for necessário para alcançar seus fins."

Na França, P.-C. Racamier reuniu nas organizações perversas as diferentes formas de perversão moral: "E se vierem dizer-me que a impostura, a falsificação, o abuso de confiança, a falsidade, a escroqueria financeira e moral estão na esfera dessa perversidade, eu certamente não discordarei."[1]

A bem da clareza, limitamo-nos aqui à classificação francesa das perversões.

Encontramos nos diferentes perversos morais uma base comum. Assim, para simplificar, começarei pela descrição de suas semelhanças, antes de examinar a especificidade de alguns.

---

[1] Racamier, P.-C., "Pensée perverse et décervelage", *Gruppo 8, secret de famille et pensée perverse*, Éditions Apsygée, 1992.

Das falhas na autoestima à megalomania

Tudo começa pela baixa autoestima, sendo necessário aumentá-la a qualquer preço. Os perversos morais sempre apresentam no início essa falha, que paradoxalmente os leva à megalomania — isto é, no fim das contas, à permanente necessidade de serem admirados. Christophe Rocancourt afirma: "Acabei passando 12 anos na prisão, mas vão fazer um filme sobre a minha vida, então valeu a pena."[1] Não tendo encontrado na infância um reflexo próprio capaz de valorizá-los o suficiente para que se construíssem, eles desenvolvem uma autoimagem desmedida, criando um mundo fantasioso, de acordo com seus desejos de grandeza e poder absoluto. Precisam então trapacear, fingir, mentir, arrumar sua biografia, interpretar um personagem. Refugiam-se, segundo a terminologia de Winnicott, em um *falso self*, destinado a proteger seu *verdadeiro self*, demasiado fraco. Substituem o vazio interior por uma imagem de si mesmos e imitam emoções que não sentem. Numa primeira etapa, o sistema funciona. Quando são inteligentes, os perversos morais podem alcançar um relativo êxito social ou material. Sua impostura pode passar despercebida na vida cotidiana, sendo até adaptada à vida profissional. Mas basta que se defrontem consigo mesmos numa situação para que sua "falsidade" surja à luz do dia.

Alguns, por medo de serem desmascarados, guardam um grande mistério sobre o próprio passado; outros, segundo o princípio da carta roubada de Edgar Allan Poe — quanto mais se mostra, mais se esconde —, falam demais sobre um personagem inexistente e completamente inventado por eles, como no caso dos mitômanos.

---

[1] Segundo o site de C. Rocancourt.

Sedutores e estrategistas sutis

Para abusar dos outros ou defraudá-los, é preciso primeiro seduzi-los. É o que os perversos morais sabem fazer instintivamente. Eles possuem uma formidável intuição, que lhes permite identificar a fragilidade ou a vulnerabilidade do interlocutor, ou pelo menos o melhor ângulo de ataque. Catherine Breillat afirma, assim, a respeito de Christophe Rocancourt: "O Rouco é extraordinariamente lúcido com os outros, farejando os vícios, adivinhado as falhas."[1] Como bons manipuladores, eles sabem adaptar seu comportamento, mas também suas posições, seus valores, em função das pessoas visadas. Quando necessário, fingem compaixão, "enrolam" suavemente o alvo, adormecem sua desconfiança jogando com seus pensamentos e sentimentos ou jogando com as palavras. Verdadeiro espelho das ilusões, brilham para atrair a vítima, tratando de colocá-la no centro das atenções, de lisonjeá-la, valorizá-la, atraindo-a com promessas sedutoras.

Para um manipulador, a sedução não é amorosa, mas narcisista. O que importa é não se deixar apanhar. "Ser libertino não é apenas seduzir. É também, e sobretudo, nunca ser seduzido: nunca se deixar levar a um lugar aonde não se queira ir."[2]

Para entender como funciona a sedução dos manipuladores, voltemo-nos aqui para o personagem do dr. House, na série de TV que leva seu nome:

---

[1] Breillat, C., *Abus de faiblesse*, op. cit.

[2] Choderlos de Laclos, P., *Les Liaisons dangereuses*, Paris, Gallimard, La Pléiade, 2011.

House é um médico brilhante que trabalha no hospital fictício Princeton Plainsboro.

Indo de encontro aos métodos habituais, ele se vale antes de sua intuição que de seus conhecimentos médicos para resolver casos clínicos difíceis, como se fosse um investigador ou um policial (comenta-se, por sinal, que a série se inspirou no personagem de Sherlock Holmes).

Ele conta com uma equipe de jovens médicos totalmente dedicados, embora os trate mal e os manipule. Quando lhe parece útil, ele não hesita em jogar uns contra os outros, zombando de seus pontos fracos e revelando coisas ocultas de sua intimidade. Por exemplo, gosta de atacar Forman, seu assistente, em questões dolorosas, como a toxicomania de seu irmão. Se consegue chegar a um diagnóstico, é graças aos erros e tentativas de sua equipe, mas é invariavelmente ele que colhe os louros, pois sempre dá um jeito de destacar sua inteligência.

Na relação com os pacientes, tampouco respeita as regras de deontologia. Para testar suas hipóteses, transforma-os em cobaias, transgride os códigos, leva-os a assumir riscos de vida e muitas vezes dispensa a necessária autorização dos superiores. Em suma, exatamente o contrário de um bom médico, sem a menor consideração por quem quer que seja.

De maneira geral, House é arrogante, cínico, às vezes mau, jogando com a provocação e a mentira. Não por acaso, sua frase favorita é "*Everybody lies*" ("todo mundo é mentiroso"). Finalmente, House é toxicômano, dependente de Vicodin.

Lisa Cuddy, a diretora do hospital, pode estar apaixonada por ele, mas o resume muito bem: "Para você, as pessoas são

178 ABUSO DE FRAQUEZA E OUTRAS MANIPULAÇÕES

cobaias dos seus pequenos enigmas... Os profissionais que convoca serão corrompidos por você, exatamente como corrompeu James [o marido de uma das assistentes]. Você o destruiu, ele não distingue mais o bem e o mal."

Para além da ficção, temos aí o retrato típico de um perverso moral, cujo charme, que explica o sucesso da série, não deixa de levantar questões...

O dr. House nos seduz, a nós, espectadores, primeiramente por seu caráter atípico e por sua inteligência. Suas provocações nos despertam e nos tiram do tédio. Na verdade, ele ousa ser aquilo que nós não ousamos. Se sua equipe o suporta e ele nos encanta, é também porque, por trás dessa maldade, imaginamos uma ferida — talvez ligada ao fato de ser coxo —, provavelmente decorrente de uma história familiar dolorosa. Sem nada saber de sua biografia, sentimos vontade de ajudá-lo, de consertá-lo, como fazem constantemente Lisa Cuddy e James Wilson, seu amigo, chefe da clínica de oncologia, assim como os médicos de sua equipe.

Quando os produtores abrandaram as características do dr. House, levando-o a se questionar e a ter dúvidas, o encanto já não funcionou tanto. O que devemos concluir?

Mentiras e linguagem pervertida

A capacidade de sedução e a arregimentação operada pelos perversos morais ocorrem, antes de mais nada, pela linguagem. Eles sabem distorcer as palavras para perturbar o interlocutor e alcançar seus fins.

Geralmente, entre a intenção do emissor e o que o receptor percebe, as palavras sofrem certos desvios, estando aí, por sinal, toda a dificuldade da comunicação humana. Nos perversos morais, porém, as mensagens são deliberadamente deformadas com o objetivo consciente ou inconsciente de manipular o outro. A troca, unilateral, repousa inteiramente no empenho de evitar: os manipuladores dão explicações enroladas que impedem de pensar, de estabelecer limites. Paralisam com isso o discernimento do interlocutor, para que ele próprio abra sua porta mental a um conteúdo que de outra forma jamais teria aprovado. É o que qualifiquei num livro anterior de "comunicação perversa".[1]

Sejam mitômanos, escroques ou perversos narcisistas, esses indivíduos rapidamente se transformam em especialistas da mentira. De preferência às mentiras diretas, privilegiam as mentiras parciais, com deformações ínfimas da verdade. Valem-se, então, de um amontoado de subentendidos, de não ditos, de respostas enviesadas, vagas e imprecisas. O que importa, como para os equilibristas, é cair de pé. Eles são capazes, às vezes, de contar mentiras tão absurdas que as pessoas acreditam.

De maneira geral, esses indivíduos não estão nem aí para o que o interlocutor pode pensar: esperam fazê-lo duvidar olhando bem nos olhos, ainda que a história seja inverossímil. O conceito de verdade pouco importa para eles: a verdade é o que eles dizem no momento ou o que os salva de uma situação embaraçosa. Eles mentem para evitar serem questionados ou para calar o interlocutor. Ao contrário de um indivíduo médio, não sentem particular emoção por assim trapacear, pois em sua mente os fatos não existem. Tudo pode ser revisto, uma vez que para eles não existem referências nem verdades.

---

[1] Hirigoyen, M.-F., op. cit.

180 ABUSO DE FRAQUEZA E OUTRAS MANIPULAÇÕES

Suas falas permitem sonhar e operam paralelamente uma tomada de poder. Controlar a linguagem, de fato, é uma maneira de controlar o pensamento. Seu discurso, como a Novilíngua no romance de Orwell,[1] impede a expressão de pensamentos críticos ou mesmo, para ser mais exata, a simples ideia de crítica.

Necessidade do outro e colagem

Consequência da baixa autoestima, esses perversos morais tem uma enorme necessidade dos outros para se completar, mas vão usá-los em função de seus interesses: "Qualquer sofrimento é a seiva de que ele [Rocancourt] se fortalece."[2]

Para enganchar bem o alvo e sujeitá-lo, eles vão invadi-lo, recuando-lhe toda distância propícia a um espírito crítico. É assim, como pudemos ver a propósito do assédio sexual, que exercem considerável pressão sobre a pessoa visada, telefonando com frequência, colocando-se deliberadamente em seu caminho, procurando-a de maneira inesperada, até que ela acabe por ceder. Eles invadem seu território psíquico com chamadas incessantes, solicitações, mensagens, até que ela conceda uma aceitação, ainda que mínima. "Ele [Rocancourt] dizia que não se deve soltar as pessoas nem um milímetro, senão elas nos esquecem."[3]

Os perversos constantemente praticam o assédio verbal, com um discurso crescente de intensa repetição, com rupturas de tom e acentuação das palavras-chave. Por mais falsa que seja, sua mensagem acaba se tornando verdade ao influxo interminável de falas

---

[1] Orwell, G., 1984, Gallimard, 1972.

[2] Breillat, C., *Abus de faiblesse*, op. cit.

[3] Idem.

MANIPULADORES E IMPOSTORES

repetidas, que avançam sobre os limites da vítima até que perca seus referenciais. Essa pressão pode levar a um verdadeiro assédio por intrusão, o famoso *stalking* já mencionado.

É através dessa pressão que os perversos invadem o psiquismo do interlocutor, chegando a constituir diante dele uma espécie de duplo, ou, mais exatamente, de substituto, devendo assumir o risco de suas ações no seu lugar.

A romancista americana Siri Hustvedt, em seu livro *Élégie pour un Américain*,[1] descreve um personagem narcisista que assedia seus alvos tirando fotos às escondidas.

"Ele gostava de dizer que não era ambicioso, que realizar sua obra era a única coisa que importava, mas gastava um tempo enorme tecendo relações e se fazendo notar, como quem não quer nada. E sempre tinha uma câmera à mão. Em geral, pedia autorização, quando não tinha opção, mas nem sempre. Adorava fotografar pessoas famosas. Meio artista, meio paparazzi. E também vendia suas fotos."

Ao roubar as aparências, esse personagem de *falso self* criava uma identidade para si mesmo.

Para os perversos morais, a manipulação é um jogo com o propósito de ganhar do outro. Precisam obrigatoriamente de um parceiro, se possível à altura. O objetivo deve ser difícil, exigir suspense: "Vencendo sem perigo, triunfamos sem glória", já escrevia Corneille. Eles então avançam seus peões com frieza, mobilizando instintivamente todas as estratégias anteriormente descritas, não hesitando em enganar o outro para favorecer seus planos.

---

[1] Hustvedt, S., *Élégie pour un Américain*, Actes Sud, 2010.

182 ABUSO DE FRAQUEZA E OUTRAS MANIPULAÇÕES

Em qualquer circunstância, precisam permanecer no controle do jogo. Quando as coisas não acontecem segundo sua vontade, podem recorrer à agressão. É claro que suas fraudes constituem em si mesmas atos de violência, mas a coisa pode ir ainda mais longe. Catherine Breillat relata de que maneira Rocancourt foi capaz de ameaças e intimidações.

Ausência de senso moral

Nesse combate para se apropriar do psiquismo do outro, os perversos necessariamente levam vantagem, pois não são atrapalhados por emoções. Fazem os outros carregar o sofrimento e a culpa que não sentem. Desconhecem os limites representados por uma proibição moral, pois para eles o outro não existe enquanto pessoa digna de respeito ou compaixão, mas apenas como objeto útil, peão a ser deslocado.

Se não sentem culpa, mostram-se extremamente hábeis em infundir culpa nos outros, por um fenômeno de transferência. Existe na vítima uma introjeção dessa culpa ("A culpa é sempre minha!"), ao passo que o perverso efetua uma projeção para fora, jogando tudo sobre o outro ("A culpa é dele!").

A conjunção de sua capacidade de mentir, da falta de escrúpulos e da facilidade nas relações sociais dota esses perversos morais de uma audácia monstruosa, que lhes permite se aproximar de pessoas importantes, conquistar sua confiança e, às vezes, levar uma vida de luxo, sem qualquer relação com o que por acaso ganhem. Seu poder de persuasão é incrível. Suas vítimas são levadas a fazer exatamente o que eles querem, com a impressão de que não poderiam se comportar de outra maneira: "Eu não queria, mas acabei concordando."

MANIPULADORES E IMPOSTORES

2. MITÔMANOS

> "Ele podia ter engolido uma raposa, com a cauda para fora,
> e ainda assim sustentaria que não era verdade."
> A ama de leite de Émile Louis durante seu julgamento.

Em 2008, surgiu na internet um blog intitulado "leucemia-2008". Noa, uma jovem de 17 anos, relatou sobre sua doença, diagnosticada quando tinha 10 anos, e que voltou a se manifestar. Noa era alegre, esportiva, brilhante nos estudos e de religião judaica. O blog atraiu milhares de internautas, basicamente doentes de câncer ou leucemia, antigos pacientes e algumas enfermeiras.

Nesse blog, Noa narrou suas alegrias, suas esperanças, seus momentos de desânimo, até morrer, em fevereiro de 2009. Pouco antes da sua morte, o blog foi retomado por sua irmã gêmea, Salomé, além de Alex, o noivo de Noa. Salomé contou que Alex pediu a mão de Noa em seu leito de morte. Enviou, então, pelo correio um convite de casamento aos amigos que a irmã conheceu através da web. Quando Noa morreu, Salomé encomendou aos amigos da Net um comunicado de falecimento: a foto de uma pessoa esquiando, com o comentário: "Noa saltou tão longe que saiu do enquadramento."

Depois da morte da irmã, Salomé criou seu próprio blog. Nele, reencontrou os amigos da irmã, estabelecendo contato com eles na "vida de verdade". Assim, passou alguns dias de férias com Perrine, uma antiga paciente que relatou seu combate contra a doença num livro, *Jovem demais para morrer*, e de outra feita dormiu na casa de Audrey, uma enfermeira. Em maio de 2009, ela comunicou aos amigos que acabara de receber um diagnóstico de aplasia medular. Começou, então, a falar também de sua doença, complicada por uma insuficiência renal, e depois um câncer no joelho. Corajosa, ela também

184 ABUSO DE FRAQUEZA E OUTRAS MANIPULAÇÕES

relatou suas atividades esportivas, o esqui, os períodos passados à beira-mar para refrescar as ideias. Redes de solidariedade se formaram ao seu redor, além de grupos de oração, por iniciativa de rabinos.

No verão de 2010, Salomé sofreu várias paradas cardíacas, e os médicos de Lausanne, onde se tratava, não sabiam se conseguiriam salvá-la. Ela decidiu, então, passar a se tratar em Metz, perto de sua casa. Um médico francês lhe prescreveu hospitalização domiciliar, e duas vezes por dia uma enfermeira ia ajudá-la com a higiene, muito embora, em sua vontade de se manter autônoma, Salomé prefiria mudar seu cateter sozinha. Ela promoveu coletas de doações para comprar ursinhos de pelúcia, histórias em quadrinhos e até uma viagem à Disneylândia. Ruben, seu namorado, bombardeou os amigos de Salomé com torpedos cheios de preocupação.

Mas tudo isso era mentira. Em fevereiro de 2011, depois de três anos de mentiras e impostura, Salomé foi desmascarada. Em julho de 2010, ela entrou no blog de uma amiga que dispunha de um "tracker" (um programa de informática que permite localizar geograficamente o computador da pessoa que se conecta). Essa amiga descobriu que Salomé estava conectada então em Toulouse, embora afirmasse encontrar-se em tratamento intensivo em Lausanne. A partir daí, as amigas virtuais começaram a investigar e descobriram a mistificação. Noa nunca existiu, Salomé não se chamava Salomé e não era judia.

De sua biografia pouco se sabe: uma formação escolar medíocre, uma jovem pouco esportiva, sem amigos na vida real. Vivia sozinha em Metz durante a semana, pois os pais trabalhavam em Paris. Constatou-se que, em 2007, ela já se fizera passar por gravemente doente num fórum da internet. Atendendo ao telefonema de uma "amiga" querendo conferir a veracidade do que ela afirmava,

MANIPULADORES E IMPOSTORES 185

a mãe teria respondido que sua filha tinha por hábito contar qualquer coisa.

Por que os internautas se deixaram enganar? Seria decorrência de uma vulnerabilidade específica? Os amigos virtuais conquistados por Noa/Salomé eram essencialmente mulheres, em sua maioria fragilizadas pela doença ou com uma profissão na área médica. Mas alguns tiveram suas dúvidas. Perrine, por exemplo, espantou-se com o fato de Salomé aparentemente não ter ficado sentida com a morte da irmã, mas acabou pondo de lado essas dúvidas, imaginando que Salomé certamente tinha uma grande força de caráter. Outros ficaram surpresos com o fato de uma jovem acometida de câncer viajar, praticar esportes e até fazer shopping na época de Natal. Mas, diante dos questionamentos, Salomé se justificava com total desembaraço e enviava fotos suas provando a doença, com cateteres implantados no peito (na verdade, apenas afixados com fita adesiva), fotos de seu joelho numa tala, de suas caixas de remédios etc. Os outros então ficavam com sentimento de culpa: como duvidar de uma moribunda? "Salomé" também tinha um incrível conhecimento das doenças, mostrando-se muito exata a respeito de cada exame, dos resultados, dos tratamentos (informações que ela buscava na própria internet).

No período em que supostamente estava em tratamento no Hospital Universitário de Lausanne, ela chegou a montar todo um dossiê médico, falsificando documentos encontrados na web. Um rabino ucraniano concordou em ajudá-la, pondo à sua disposição formulários on-line. Estava convencido de agir com generosidade, permitindo-lhe transferir um dossiê médico graças ao qual poderia ser tratada na França. Posteriormente, um médico de

186 ABUSO DE FRAQUEZA E OUTRAS MANIPULAÇÕES

Metz prescreveu remédios para sua quimioterapia, também ele enganado, fazendo em seu nome uma solicitação de hospitalização domiciliar.

Noa/Salomé é mitômana. A palavra "mitomania" foi criada em 1905 por Ernest Dupré, médico-chefe da Enfermaria Especial, para designar "a tendência patológica, mais ou menos voluntária e consciente, de mentir e criar fábulas imaginárias (fabulação), de imitar estados orgânicos anormais (simulação)".

O mitômano, que poderia ser qualificado de mentiroso compulsivo, deforma a realidade para não sofrer. A mentira funciona para ele como um calmante de suas angústias.

Num autêntico mitômano, a mentira é uma finalidade em si mesma, ao passo que nos perversos ou escroques tem como objetivo enganar o outro para conseguir algo. Dupré falava, nesse caso, de mitomania maligna. Vamos encontrar nessa categoria todos aqueles que procuram prejudicar alguém através de intrigas, cartas anônimas, escritos mentirosos ou denúncias caluniosas. Também são eles que fazem falsas alegações de assédio moral ou sexual.

Dupré identifica ainda a mitomania vaidosa, com o objetivo de seduzir ou deslumbrar com relatos fabulosos, sem intenção de causar dano ao outro. Os exemplos mais característicos são literários: *Tartarin de Tarascon*, de Daudet, *O mentiroso*, de Molière, etc. Mas todos nós conhecemos fanfarrões que sempre se saem melhor que os outros, frequentam figuras importantes ou se orgulham de feitos esportivos notáveis.

Entretanto, o limite entre essas diferentes formas de mitomania não é tão claro assim. A mitomania, com efeito, é antes uma tendência defensiva, às vezes predominante, que se acomoda a uma

MANIPULADORES E IMPOSTORES

187

patologia narcísica. A questão é se valorizar, sempre mais ou menos às custas de alguém.

No mitômano, existe uma distorção permanente da realidade, pois ele acha que há mais sentido e coerência no que inventa do que em sua vida. Prefere acreditar em sua realidade construída e fictícia do que na realidade objetiva do exterior. Como diz Blanche DuBois em *Um bonde chamado desejo*:[1] "Eu apresento as coisas de uma forma diferente do que são. Eu não digo a verdade, digo o que deveria ser a verdade."

Poder de sedução dos mitômanos

A força dos mitômanos consiste em contar o que o interlocutor gostaria de ouvir ou o que espera ouvir. Se funciona é também pelo fato de suas mentiras serem muito mais interessantes que a banal realidade. Eles proporcionam o sonho.

Misha Defonseca contou em *Sobreviver com os lobos* sua travessia da Europa em guerra em companhia de uma matilha de lobos, em busca dos pais, deportados pelos nazistas.

Era uma bela história, mas, ao contrário do que afirmava a autora, completamente imaginária. Misha Defonseca não se chama assim e não é judia. Acabou confessando que sempre inventara para si mesma outra vida. Foi desmascarada inicialmente por historiadores da Shoah, e depois por um especialista em lobos. Sua única prima sobrevivente contou que já muito pequena Monique — pois era esse seu verdadeiro nome — inventava histórias. Acaso seria porque seu pai era

---

[1] Williams, T., *Un tramway nommé désir* (1947), 18 de outubro de 2003.

188 ABUSO DE FRAQUEZA E OUTRAS MANIPULAÇÕES

considerado um traidor, tendo denunciado os homens da sua rede de resistência?

Apesar da revelação da mistificação, um filme foi extraído dessa história. Cabe perguntar se o relato teria alcançado tanto sucesso se desde o início fosse apresentado como uma história fictícia.

Apresentar-se como vítima para existir

No caso preciso de Noa/Salomé, trata-se de uma forma específica de mitomania chamada patomimia. A expressão foi criada em 1908 por Paul Bourget e Dieulafoy para designar um "estado mórbido próximo da mitomania, caracterizado pela necessidade de simular uma doença, às vezes até mediante automutilação."

Quase sempre a história médica alegada pelo paciente tem caráter verossímil, apresentando uma doença de diagnóstico delicado, em vez de um sintoma isolado. Por isso é que os médicos se deixam enganar (cabe aqui lembrar Nicole Prévost diante de Michel Trouillard-Perrot).

Entre as patomimias, a síndrome de Münchhausen é um distúrbio fictício de aspecto agudo que leva os médicos a prescreverem medicamentos inadequados, empreenderem investigações que não vêm ao caso ou praticarem atos cirúrgicos inúteis. A palavra foi inventada em 1951 por Asher, que se inspirou num romance de aventuras do século XVIII. Nele, Rudolf Erich Raspe conta as histórias inverossímeis de um personagem real, o barão Hieronymus Von Münchhausen.[1]

---

[1] Raspe, R.E., *Aventures du baron de Münchhausen*, trad. de Théophile Gautier fils, Le Livre de poche Jeunesse, Paris.

MANIPULADORES E IMPOSTORES

Existe nos pseudodoentes um prazer perverso que consiste, por um lado, em se apresentar como vítima, e, por outro lado, em enganar os outros, especialmente os médicos. Por trás dessa patologia esconde-se na realidade uma grande necessidade de amor. Na biografia desses pacientes, encontramos muitas vezes uma carência afetiva e relações muito precoces com a doença ou o hospital, tendo gerado um acréscimo de atenção da parte dos pais ou responsáveis pelo tratamento.

Os mitômanos mentem para obter reconhecimento no terreno da identidade. Com suas mentiras, tentam inventar um reflexo lisonjeiro para se consolarem de não serem aquilo que gostariam de ser. Tendo de si mesmos uma imagem desvalorizada, apresentam-se como vítimas para monopolizar a atenção do outro e seduzi-lo. Se Noa/Salomé se faz passar por judia, é para reforçar sua aparência de vítima, pois se suas queixas a respeito da doença não bastassem, ela poderia invocar o antissemitismo. Nisso, seguia o modelo de Marie-Léonie Leblanc, que em 2004 simulou uma agressão no metrô.

Ela contou que o agressor do metrô tinha rasgado sua camiseta e desenhado três cruzes gamadas em sua barriga, cortando uma mecha de seus cabelos. O sr. Chirac, presidente da República, e o sr. De Villepin, primeiro-ministro, prontamente reagiram, denunciando aquele crime racista. Prometeram mobilizar todos os recursos para encontrar os malfeitores. Mas as câmeras não tinham registrado nem a jovem nem os agressores. Marie-Léonie, acusada de denúncia de delito imaginário, foi condenada a quatro meses de prisão e a se submeter a tratamento.

Mentiras que acabam mal

Em 1993, um acontecimento da crônica policial trazia à luz do dia a incrível mentira de Jean-Claude Romand. Eis os fatos:

> Em janeiro de 1993, Jean-Claude Romand matou sua mulher, os dois filhos, os pais e seu cão e tentou se suicidar pondo fogo na casa. Falso médico e falso pesquisador na Organização Mundial da Saúde (OMS), Romand mentiu durante 18 anos aos amigos e a toda a família. Em várias investidas, conseguiu extorquir mais de 2,5 milhões de francos à família da mulher e a seus próprios parentes. Quando estava para ser descoberto por um credor, cometeu assassinatos múltiplos. Em 2 de julho de 1996, foi condenado à prisão perpétua.

O escritor Emmanuel Carrère fez o relato dessa longa mistificação em seu livro L'Adversaire.[1]

Jean-Claude Romand afirmou ter começado a mentir muito cedo para não incomodar sua mãe. "Quando somos apanhados nessa engrenagem de não querer decepcionar, a primeira mentira chama outras, e é toda uma vida." Mas cabe perguntar se ele não passava de um simples impostor enrolado nas próprias mentiras ou se cometeu um crime hediondo. Durante o julgamento, com efeito, surgiu uma dúvida quanto à morte do sogro, que rolou pela escada da casa onde se encontrava com o genro, ao qual, por sinal, entregara suas economias (que foram gastas).

---

[1] Carrère, E., L'Adversaire, POL, 2000.

Esse homem incontestavelmente apresentava as características de um perverso moral, entre elas um *falso self* com uma falha na auto-estima. Os especialistas psiquiátricos que o examinaram ficaram impressionados com "sua constante preocupação em apresentar uma opinião favorável de si mesmo", descrevendo-o como "um robô destituído de qualquer capacidade de sentir, mas programado para analisar os estímulos externos, a ele adaptando suas reações". Em várias oportunidades, ele disse a Carrère durante suas entrevistas: "Eu fingia." Seu comportamento perfeitamente "normal" depois do assassinato da mulher e dos filhos o levou a este questionamento: "Será que o fiz para negar a realidade, para fingir?"

Mentir é uma arte difícil, exigente, acrobática. É preciso seduzir, convencer, se superar, para não ser desmascarado. Assim como um escritor inventa seu romance à medida que escreve, a mentira vai ganhando dimensão e acaba por se tornar incontrolável. Se o inter-locutor pede esclarecimentos sobre certas incoerências ou contra-dições, será necessário inventar outra mentira para cair de pé e voltar a mentir para encobrir as primeiras mentiras. É uma engrenagem infernal da qual muitas vezes só é possível sair de maneira dramá-tica. Chega inevitavelmente um momento em que as tensões entre o *verdadeiro self* e o *falso self* tornam-se fortes demais. As pessoas entram então num processo de autodestruição. "Ele teria preferido sofrer de verdade com um câncer a sofrer com a mentira, pois a mentira é uma doença, com sua etiologia, seus riscos de metástase, seu prog-nóstico vital duvidoso."

Quase sempre, os mitômanos ficam aliviados ao serem des-mascarados, pois quanto mais passa o tempo, mais suas mentiras se tornam pesadas.

Consequências dramáticas para os circunstantes

Entrar em contato com um mitômano pode ser uma experiência desestabilizante. A mentira é percebida como um ataque pessoal, provocando reações as mais variadas, quase sempre de raiva.

Vivendo com outra jovem, Benoît conheceu Julie no trabalho, mulher casada, bonita, mãe de dois filhos. Os dois tiveram uma breve aventura, mas Benoît logo tratou de pôr fim ao caso, pois se conscientizou de que gostava de sua companheira e não queria romper com ela. Julie respondeu, então: "Qualquer que seja sua decisão, vou deixar o meu marido!" Dois meses depois, ela lhe informou que estava grávida, ameaçando contar para todo mundo que ele paquerava mulheres casadas, caso não fizesse algo a respeito. Benoît decidiu, então, ir morar com ela, mas logo depois Julie disse que sofreu um aborto. Contou-lhe também que era secretamente herdeira de um homem rico e que estava tratando às escondidas de uma leucemia.

Meses depois, Julie estava realmente grávida. Com oito meses de gestação, ela voltou para casa com queimaduras e contou que seu pai, um homem muito poderoso, contratou capangas para separá-los.

A filha do casal nasceu, mas a vida na casa nem sempre era um mar de rosas. Julie vivia recriminando Benoît, e muitas vezes chegava mesmo a bater nele. Para não revidar, Benoît quebrava objetos ou saía para correr.

Passado um ano, decidiu deixar Julie, e, sentindo-se culpado por abandoná-la, procurou saber como ia sua leucemia.

MANIPULADORES E IMPOSTORES

Lendo os documentos médicos por ela escondidos, ele constatou que, enquanto afirmava estar tratando da doença, ela na verdade esteve se submetendo a injeções de Botox.

Benoît confessou que estava diante de alguém que o aterrorizava e cujo comportamento não entendia. Acabou por se perguntar se não era ele mesmo que delirava. O ex-marido de Julie continuava acreditando em suas histórias; então, por que não ele? Será que ela própria acreditava no que dizia?

No momento da separação, ele esperava um acordo amigável e o estabelecimento da guarda compartilhada da filha, como ela fizera com o ex-marido, mas as coisas se revelaram muito mais complicadas. Certa noite, ao visitar a filha na casa de Julie, ele foi trancado pela mulher na casa com a criança e obrigado a esperar várias horas, até que ela decidiu abrir a porta. De outra feita, preparando-se ele para uma viagem profissional, ela entregou-lhe a filha sem a menor explicação, e ele foi obrigado a encontrar alguém à última hora para cuidar dela. Felizmente, ele tomou a iniciativa de fazer um registro policial, pois Julie apresentou queixa contra ele por sequestro.

No trabalho, ela espalhou para todo mundo que Benoît a abandonou com um bebê de seis meses, e ele ficou constrangido diante dos colegas: "Não posso censurá-los por acreditarem nas mentiras de Julie, pois eu mesmo caí na esparrela durante tanto tempo!"

194   ABUSO DE FRAQUEZA E OUTRAS MANIPULAÇÕES

3. ESCROQUES

Para entender o funcionamento dos escroques, vejamos a entrevista concedida à Gaygloberadio, uma rádio gay do Quebec,[1] por um grande manipulador, Philippe (nome alterado para o programa, pois ele estava em liberdade condicional).

Philippe é considerado atualmente o maior fraudador (nós diríamos escroque) do Quebec, em termos de volume e somas envolvidas. Teria feito mais de trezentas vítimas na comunidade gay do Quebec, mas também em outros países. Começou a defraudar aos 20 anos, foi preso pela primeira vez aos 22 e condenado a dez anos e meio de prisão. Tem hoje 44 anos, e passou quase 15 na prisão.

Philippe começou esvaziando as contas de pessoas conhecidas do mundo esportivo ou do entretenimento: era uma maneira fácil de ganhar dinheiro. Para isso, obtinha informações pessoais das vítimas e se fazia passar por elas em seus bancos. Depois de uma primeira detenção, que levou a uma pena das mais pesadas (pois as vítimas tinham recorrido a excelentes advogados), ele decidiu investir contra pessoas de meios mais simples. Ele se disse consciente de ter infligido a essas pessoas modestas um prejuízo maior, pois seus poucos milhares de dólares representavam para elas economias de vários anos de trabalho. Na entrevista, contudo, ele não manifesta qualquer remorso.

---

[1] Gayglobe.us/philippe_06.04.10.html

MANIPULADORES E IMPOSTORES 195

O que caracteriza Philippe era, antes de mais nada, uma memória que ele próprio considerava infernal. Aonde quer que fosse, estava arquivando informações mentalmente. Diante de um caixa, quando alguém pagava na sua presença com cartão de crédito, ele se lembrava dos números. Quando pretendia cometer uma fraude, entrava em modo de concentração e gravava tudo.

Qual a explicação fornecida por Philippe para seus atos? Ele afirmou que suas primeiras fraudes visaram pessoas pelas quais tinha se "apaixonado". Sua autoestima era tão baixa que ele precisava aumentá-la. Para isso, mentia, inventava um personagem e acabava por acreditar nele. "Eu enganava para impressionar e comprar amor." Uma situação impossível de sustentar a longo prazo. "Eu me sabotava ao fraudar a pessoa, sabendo muito bem que ela passaria a me odiar, mas preferia ser odiado a sofrer com o abandono." Philippe explicou que não sentia nenhuma culpa com essa manipulação: as pessoas apresentavam queixa, conseguiam às vezes levá-lo à prisão, e assim ele tinha um bom motivo para detestá-las.

O que dizem aqueles que o conheceram? Apesar de não ter um físico particularmente belo, todos concordavam que Philippe era extraordinariamente sedutor e simpático. Uma de suas vítimas resumiu assim: "Em vez de abuso de fraqueza, pois não era fraca quando o conheci, eu falaria de abuso de simpatia." Depois que ele violou sua prisão condicional em agosto de 2010, foi oferecida uma recompensa de 2 mil dólares a quem ajudasse a encontrá-lo, com a recomendação de cuidado, pois seu charme irresistível induzia as vítimas a confiar nele.

196 ABUSO DE FRAQUEZA E OUTRAS MANIPULAÇÕES

* * *

Encontramos em Philippe todas as características dos perversos morais: falhas na autoestima, mentiras, necessidade do outro, mas sobretudo um enorme poder de sedução ("abuso de simpatia").

Os escroques escolhem a vítima em função do que pode ser tomado, sem qualquer consideração moral. Segundo Michel Polnareff, outra vítima de Rocancourt, "ele não passa de um pulha que se aproveita dos momentos de fraqueza de suas vítimas". Para eles, o negócio é pegar o dinheiro onde se encontra, ponto final. Christophe Rocancourt resume muito bem: "Para que alguém lhe roube 250 mil dólares, é preciso tê-los."

Eles tratam assim de identificar uma pessoa vulnerável ou capaz de vir a sê-lo, aproximam-se dela, deixam-na em situação de isolamento, caso já não esteja, e entram em ação discretamente, neutralizando sua desconfiança, apresentando-lhe uma realidade sedutora, contando-lhe algo que possa atraí-la. Pois o fato é que, se os escroques sabem identificar a fraqueza oculta de cada um, sabem sobretudo encontrar o desejo inconsciente de cada interlocutor para lhe propor uma solução mágica e torná-lo cúmplice do golpe.

Para eles, a excitação vem do gosto pelo jogo, mais que do desejo de ganância. Seu prazer está em ultrapassar os limites. E tanto pior se às vezes são apanhados. Catherine Breillat qualifica Christophe Rocancourt de "*serial* escroque": "Até mesmo o dinheiro não é, no fim das contas, um objetivo pensado, um sistema, apenas uma obsessão compulsiva."

Se ainda podia haver alguma dúvida para alguns, o caso Madoff deixou bem claro que todo mundo pode ser vítima de um escroque. Voltaremos ao assunto no capítulo seguinte.

MANIPULADORES E IMPOSTORES

4. PERVERSOS NARCISISTAS

Não me estenderei muito aqui na descrição dos perversos narcisistas, pois já tratei longamente do assunto num livro anterior, *Assédio moral: A violência perversa no cotidiano*. Limito-me aqui a indicar os pontos específicos desse distúrbio da personalidade extremista, em relação às outras perversões de caráter.

Em artigo publicado no jornal *Le Monde*, o escritor Tahar Ben Jelloun descreve esplendidamente esses manipuladores arrogantes:

> "O demônio é uma pessoa comum. Nada se distingue em sua aparência física. Ele pode ser um colaborador, seu chefe de departamento ou simplesmente um vizinho. São necessários tempo, experiência e o fato de ter sido uma de suas vítimas para distinguir no fundo de seus olhos o líquido amarelado que trai a bile produzida por sua alma. A bile que alimenta as maquinações destinadas a tomar pela força o que não lhe pertence, para usurpar o trabalho e o mérito dos outros e cair na gargalhada quando leva a melhor sobre todo mundo, especialmente sobre a justiça e o direito."[1]

A violência dos perversos narcisistas repousa no tríptico sedução, dominação, manipulação. Embora encontremos neles os traços comuns a todos os perversos morais, eles são muito mais dissimulados e calculistas, apresentando uma capacidade de destruição muito superior.

---

[1] Ben Jelloun, T., *Le Monde*, sábado, 1º, domingo, 2, terça-feira, 3 de janeiro de 2011.

198 ABUSO DE FRAQUEZA E OUTRAS MANIPULAÇÕES

Sedução

Diante dos perversos narcisistas, ficamos inicialmente seduzidos. Quando querem adquirir ascendência sobre um alvo, eles sabem ser brilhantes. O que chama a atenção neles é uma extraordinária mistura de cinismo e desenvoltura. A dificuldade de identificá-los decorre do fato de que, à parte isso, eles parecem externamente "normais". Podem até fingir perfeitamente gentileza e compaixão.

Segundo Racamier, um perverso narcisista "mostra-se socializado, sedutor, socialmente adequado e se julga supernormal: a normalidade é seu melhor disfarce".[1]

Eles têm um grande carisma e sabem cativar os interlocutores com um discurso que serve de despistamento. Transformam-nos em aliados, tratando de instrumentalizá-los para em seguida levá-los à transgressão. A arte dos perversos narcisistas consiste em obter do outro uma cumplicidade tácita e levá-lo contra a vontade a atos que lhes são impostos. O supremo prazer dos perversos narcisistas é destruir um indivíduo através de outro e assistir a esse combate. Foi assim que Nicole Prévost induziu o ato de Michel Trouillard-Perrot, ao mesmo tempo que o deixava como único responsável das consequências desse ato.

No romance *Relações perigosas*, de Choderlos de Laclos, a marquesa de Merteuil induz o visconde de Valmont a corromper a virtuosa presidente de Tourvel: "Assim que conquistar sua bela devota e puder trazer-me uma prova, venha, serei toda sua."[2]

---

[1] Racamier, P.-C., "Pensée perverse et décervelage", *Gruppo 8*, op. cit.

[2] Choderlos de Laclos, P., *Les Liaisons dangereuses*, op. cit.

Vampirização

Os perversos narcisistas são indivíduos incompletos que sentem constantemente a necessidade de inflar seu narcisismo. Como vampiros, assim, invadem o território psíquico de outra pessoa na qual tenham identificado a vitalidade ou as qualidades que gostariam de possuir. O que os move é a inveja, uma inveja que consiste em se apropriar do que o outro tem, não tentando parecer-se com ele, mais destruindo-o. Eles nunca levam em conta as necessidades ou os sentimentos da vítima, exceto se atenderem a seus interesses. Trata-se de predadores que procuram demolir os pensamentos do outro, sua capacidade de reflexão e sua humanidade.

Quando um indivíduo visado descobre a verdadeira personalidade de um perverso narcisista, já é tarde demais para se livrar dele. Ele aproveitará para despejar na vítima toda a sua negatividade, o sofrimento que não sente ou sua falta de autoestima.

Embora não tenham o menor escrúpulo quando se trata de manipular os outros, os perversos narcisistas não hesitam em lhes dar lições de moral e criticar seus erros. De maneira geral, fazem-no com habilidade, não agem de maneira direta, mas sub-repticiamente, expressando-se através de alusões, tratando, por exemplo, de difamar, semear dúvida quanto à moralidade de um colega ou espalhar boatos.

Desresponsabilização

Outra característica dos perversos narcisistas é a desresponsabilização. Eles nunca reconhecem que podem ter agido mal ou ferido alguém. Todas as suas dificuldades e todos os seus fracassos são atribuídos aos outros, o que os exime de se questionarem. A projeção

200 ABUSO DE FRAQUEZA E OUTRAS MANIPULAÇÕES

da raiva sobre o outro permite-lhes que se livrem do que poderia constituir um sofrimento, ao mesmo tempo que consolida os limites entre o que está dentro e o que está fora, algo problemático para eles.

Quando se veem diante de alguém mais forte ou mais hábil ou correm o risco de serem desmascarados, os perversos narcisistas se apresentam como vítima, de maneira a aumentar sua dominação. Falam então de maquinação, complô, cabala. Também podem tentar despertar piedade no interlocutor, ostentando um passado doloroso ou uma infância difícil, o que às vezes pode ser verdade.

Transgressões

Existe nos perversos narcísicos um grande prazer associado à transgressão. Eles sentem prazer em chocar o senso moral do outro ou em pervertê-lo. Neles, a noção de lei não é apagada; pelo contrário, sentem prazer em contorná-la, desviá-la, para se apresentar, no fim das contas, como autênticos veículos da lei. Ao mesmo tempo em banalizam seus desmandos — "todo mundo faz a mesma coisa!" —, eles questionam os valores estabelecidos, tentando impor sua visão de um mundo sem limites. O que, como veremos no último capítulo, corresponde, por sinal, a uma tendência de nossa época.

A arte dos perversos narcisistas consiste em jogar com os limites, "no limite". O que explica o fato de ser difícil contê-los, pois nada se pode fazer enquanto não transgredirem a lei de maneira evidente.

MANIPULADORES E IMPOSTORES   201

Um analista perverso narcisista: Masud Khan

A instituição psicanalítica não escapou à sedução dos perversos narcisistas. Houve e provavelmente ainda há manipuladores como esses entre seus membros mais brilhantes. O dispositivo analítico, em virtude da assimetria entre os protagonistas, tendo-se de um lado o analisado em busca de ajuda e, de outro, o analista "que se supõe saber", pode atrair terapeutas em busca de poder e sedução. O exemplo mais famoso é o de Masud Khan.

Masud Khan é um psicanalista inglês de origem paquistanesa que trabalhou em Londres de 1959 a 1989.

Tendo chegado a Londres em 1946, depois de estudar literatura, ele fez psicanálise com Donald Winnicott. Tornou-se analista formador em 1959, depois de ter se especializado em psicanálise infantil.

Rapidamente Masud Khan ganhou fama internacional, tanto por suas intervenções nas sociedades psicanalíticas quanto por seus livros, que constituíram uma referência para muitos profissionais. Eu mesma não escapei à sedução que seu talento de narrador exercia, pois, ao contrário de muitas obras de psicanálise, as suas podiam ser lidas como romances.

Masud Khan era alto, belo, elegante, brilhante, carismático, mas também rico e culto: não deixava ninguém indiferente. No início da carreira, foi adulado e respeitado pelos pares, embora alguns o considerassem um indivíduo altivo, pretensioso, arrogante, ora encantador, ora demoníaco.

Ele gostava de ser chamado de Príncipe, levava uma vida de luxo e não hesitava em conduzir amigos e pacientes em

202 ABUSO DE FRAQUEZA E OUTRAS MANIPULAÇÕES

seu magnífico automóvel. Depois de seu casamento em segundas núpcias com Svetlana Beriozova, primeira bailarina do Royal Ballet, Masud Khan teve uma vida mundana muito ativa, recebendo artistas do cenário internacional, como Julie Andrews, Michael Redgrave, Rudolf Nureyev, Henri Cartier-Bresson.

Como analista, Khan estava à frente de seu tempo, mostrando-se extremamente audacioso em seus posicionamentos. Seus trabalhos sobre a clivagem e o traumatismo cumulativo representam ainda hoje uma ferramenta muito rica para os terapeutas.

Ele era considerado um psicanalista inventivo, mas provavelmente estava apenas descrevendo sua própria vivência. Em seu prefácio à edição francesa do livro Le Soi caché,[1] o psicanalista André Green escreve: "Um componente técnico de Khan é a utilização da dramatização. (...) Às vezes, se instaura uma situação estranha, com uma mistura de sedução, provocações e evasões."

A partir desse ponto de um psicanalista inventivo que às vezes se distanciava do contexto analítico, ele progressivamente tomou o rumo de desvios não controlados, cada vez mais a serviço de sua própria satisfação. Revelou-se a princípio um alcoólatra mundano, e em seguida sua dependência se agravou. Ele se tornava periodicamente agressivo e grosseiro depois de beber. A partir da década de 1970, as vacilações e transgressões proliferaram. Ele teve ligações com alunas

---

[1] Green, A., introdução a Khan, M., Le Soi caché, Gallimard, tradução francesa de 1976.

MANIPULADORES E IMPOSTORES

e psicoanalisandas, tomou dinheiro emprestado de pacientes. Wynne Godley, que depois de uma análise "normal" com outro psicanalista fez o relato de sua experiência desastrosa com Masud Khan, contou que várias vezes ele o levou a festas ou a jogar pôquer, acompanhados das respectivas esposas e de outra paciente. Depois, "ele começou a ocupar as sessões com piadas sobre sua vida social em Londres ou eventualmente em Nova York. Não eram boas histórias. Muitas eram obscenas e muitas eram banais, mas todas tinham um traço em comum: nelas, Khan sempre levava vantagem sobre alguém".[1]

A comunidade psicanalítica demorou a se dar conta da patologia de Masud Khan, pois seus primeiros livros eram muito bem-considerados. Nos últimos vinte anos de vida, todavia, ele provocou grandes controvérsias. Seu último livro, baseado em material clínico inteiramente inventado, causou não apenas fortes críticas como "um sentimento de repugnância mais que justificado",[2] em virtude de seu cinismo e de seu antissemitismo patente.

Certos traços da personalidade de Khan tinham chamado a atenção de alguns especialistas: ele não apresentava nenhum problema depressivo, era incapaz de sentir culpa ou vergonha e de pedir perdão. Os comentários *a posteriori* sobre sua análise com Winnicott eram unânimes em considerar que ela fora, em parte, um fracasso.

---

[1] Godley, W., *Sauver Masud Khan*, PUF, *Revue française de psychanalyse*, 2003/3, vol. 67.

[2] Hopkins, L. B., *L'Analyse de Masud Khan par D.W. Winnicott: une étude préliminaire des échecs de l'utilisation de l'objet*, PUF, *Revue française de psychanalyse*, 2003/3, vol. 67.

204   ABUSO DE FRAQUEZA E OUTRAS MANIPULAÇÕES

Sua raiva, em particular, não foi analisada. Ele mesmo dizia: "Pessoas como eu são secretas demais para serem analisadas."

Os desvios de Khan acabaram arruinando sua carreira e sua reputação. Ele foi expulso da Sociedade Psicanalítica Internacional e diagnosticado como perverso narcisista. Sua saúde deteriorou-se progressivamente e ele morreu sozinho, em 1989.

5. PARANOICOS

Diante de um paranoico, ficamos todos em situação de vulnerabilidade. Sua força consiste em arrastar o interlocutor aonde quiser, não tanto pela sedução, mas pelo constrangimento. Como a pressão é visível, ao contrário do que acontece com um perverso, as pessoas têm consciência de estar sendo manipuladas. Mas um paranoico também pode, por uma atitude de sedução, buscar aliados, explicando-lhes por que devem desconfiar dos outros.

Enquanto os perversos narcisistas tomam como alvo pessoas cheias de vida e ricas, as vítimas ideais dos paranoicos são indivíduos frágeis, "coisinhas" assustadas, facilmente sujeitáveis.

São paranoicas tanto as personalidades nas quais dominam traços de caráter, que apesar de difíceis são socialmente toleráveis, quanto as delirantes, que têm como característica principal uma vivência persecutória.

O caráter paranoico

Ele pode ser reconhecido pela combinação de quatro grandes traços.

Hipertrofia do eu (megalomania)

Um paranoico é seguro de si e intolerante com as opiniões dos outros. É próximo de uma personalidade narcisista pela autossuficiência, a falta de empatia com os outros e a tendência a assumir atitudes de altivez. Entretanto, o paranoico tende mais a se isolar, ao passo que o narcisista se envolve mais em comportamentos de sedução. Com um paranoico, nunca pode haver conversa de igual para igual, pois ele se coloca na posição dominante daquele que sempre sabe mais sobre tudo que os outros.

Psicorrigidez

Um paranoico é autoritário e nunca questiona suas próprias afirmações. É impossível discutir com ele, pois sempre tem razão, nunca muda de ponto de vista, jamais se questiona. Se não reconhece os próprios erros é por temer o enfraquecimento de sua autoridade. Ele prefere acuar o outro, para levá-lo a concordar.

Discernimento falseado

O discernimento falseado pode manifestar-se quando o paranoico faz afirmações evidentemente contrárias à realidade, mas com maior frequência é a má-fé que domina. Nesse caso, o raciocínio é lógico, mas parte de postulados falsos, orientados por um *a priori*. Ele elimina todos os dados que não se encaixam em seu ponto de vista.

Se o paranoico não mente propriamente, são na verdade os outros que se esquivam ao real diante dele, para evitar um confronto sem

206 ABUSO DE FRAQUEZA E OUTRAS MANIPULAÇÕES

saída. Eles sentem desde logo que, para não serem violentamente rejeitados, precisam prestar atenção no que dizem.

Desconfiança

Num paranoico, a suspeita é tão constante quanto o temor exagerado da agressividade do outro. Ele fica na expectativa de que os outros o explorem, prejudiquem ou enganem. Mostra-se assim criador de caso, para se defender e "desarmar" o outro. Mas onde acaba o sadio discernimento dos perigos que nos ameaçam e onde começa o delírio? Quando se diz perseguido, estaria ele sendo delirante ou excessivamente lúcido? Costuma-se dizer que os paranoicos são desconfiados, mas ao mesmo tempo as vítimas de escroques e manipuladores são recriminadas por não o terem sido suficientemente. Onde fica a fronteira?

Entretanto, ao contrário do que acontece com uma vítima de fato, o paranoico encontra dificuldade para se manter distante do suposto perseguidor, para romper com ele, pois o que lhe atribui vem na verdade de si mesmo, e ele não pode fugir de si próprio.

Variantes de caráter

O caráter paranoico é muito disseminado no sexo masculino. Sua forma combativa, com efeito, é muito útil para se impor profissionalmente. Andrew Grove, um dos três fundadores da Intel, relatou num livro como é necessário, para sobreviver à concorrência, comportar-se como um autêntico paranoico:

MANIPULADORES E IMPOSTORES

"Acredito efetivamente no valor da paranoia no mundo dos negócios, no qual o sucesso dá origem ao germe de sua própria destruição. Quanto mais sucesso alcançamos, mais nos vemos cercados de predadores tentando arrancar-nos pedaço após pedaço de nossas atividades, até que nada mais reste."[1]

No sexo feminino, a forma sensível é mais disseminada. São mulheres muito suscetíveis que interpretam de forma negativa ou hostil toda mensagem ou atitude daqueles que as cercam. Esse modo de funcionamento, que pode ser de difícil convivência para os circunstantes, explica o fato de que às vezes elas realmente sejam rejeitadas.

De maneira geral, os paranoicos podem acabar induzindo aquilo que vão censurar no outro. Com uma grande intuição do sentimento dos interlocutores, eles identificam intenções agressivas que acabam trazendo à tona. Dizem-se rejeitados, o que em parte é verdade: como não é possível se opor a eles, as pessoas acabam por evitá-los e realmente mantê-los a distância. Quando dizem que lhes mentem, é igualmente verdade, pois os circunstantes constatam sua intolerância e lhes ocultam fatos para evitar interpretações falaciosas.

A paranoia às vezes se conjuga com a perversão, constituindo então o que se costuma chamar de "pequena paranoia". Nesse caso, a característica dominante é uma destrutividade impiedosa, tanto mais temível na medida em que o interlocutor pode acabar ficando fascinado com o jogo do manipulador e sua habilidade de jogar a culpa nos outros. A dominação é então decuplicada pela

---

[1] Grove, A., *Seuls les paranoïaques survivent*, Village mondial, 1997.

208   ABUSO DE FRAQUEZA E OUTRAS MANIPULAÇÕES

agressividade paranoica. "Se a perversão se destaca em especial por uma busca de dominação sobre o gozo do outro, (...) a paranoia, por sua vez, buscaria antes a dominação sobre o pensamento, com o discurso de 'verdade' de que é acompanhada."[1]

Delírio paranoico

O delírio paranoico é um delírio interpretativo que se manifesta progressivamente, centrado numa pessoa ou num grupo de pessoas. O restante do funcionamento é estritamente normal.

Entre os diferentes tipos de delírio paranoico, as ideias de perseguição ou ciúme são as mais frequentemente encontradas, mas também as mais irredutíveis e evolutivas. O caráter lógico e as argumentações convincentes do indivíduo podem torná-lo digno de crédito para os circunstantes, levando, inclusive, a um delírio a dois ou a vários.

---

[1] Mijolla-Mellor, S., *La Paranoïa*, PUF, Que sais-je?, 2007.

CONCLUSÃO

UMA SOCIEDADE QUE INDUZ

"O rei da França é o mais poderoso príncipe da Europa.
Não tem minas de ouro como o rei da Espanha, seu vizinho,
mas tem mais riquezas que ele, pois as extrai da vaidade de seus
súditos, mais inesgotáveis que as minas. (...) Além do mais,
esse rei é um grande mágico: exerce seu domínio sobre a própria
mente dos súditos; faz com que pensem como ele quer."[1]

Os casos que acabamos de expor seriam assim tão excepcionais?
Não é o que parece.

Periodicamente, nos meios de comunicação, acompanhamos
episódios envolvendo personagens importantes ou famosos em casos
de mentiras, fraudes, golpes em grande escala. Esses indivíduos não
só podem prosperar como nem sequer têm mais necessidade de dissimular seus desmandos, cometidos com perfeita arrogância. Não
seria um sinal de que esses excessos se banalizaram? Os critérios
de caracterização dos perversos morais — megalomania, sedução,

---

[1] Montesquieu, *Lettres persanes* (1721), Carta 4, Livre de Poche, 2006.

210   ABUSO DE FRAQUEZA E OUTRAS MANIPULAÇÕES

mentiras e ausência de escrúpulos — transformaram-se em nossa época nas qualidades necessárias para "ter sucesso", seja nas empresas, no mundo político ou em qualquer atividade social. A única coisa que importa é não se deixar apanhar. Escreveu Tahar Ben Jelloun em *Le Monde*: "É uma época de trapaceadores, impostores, corruptos e corruptores, usurpadores e falsificadores, daqueles que se tornaram poderosos pelo dinheiro fácil, e não pela virtude humanitária."[1]

As pesquisas de motivação se estenderam do marketing ao gerenciamento e depois a todos os campos da vida cotidiana. Com a intervenção das agências de comunicação, a manipulação foi profissionalizada, e já agora esses assessores são capazes de formar dirigentes e políticos para a sedução, as meias verdades e até as acomodações com a moral. Eles sabem polir a aparência do cliente para torná-lo sedutor, distorcer os fatos para apresentá-los sob um ângulo favorável e encenar certos acontecimentos para influenciar a opinião em seu favor. Sabem também praticar a desinformação, desacreditar os concorrentes ou inventar "casos" para afundar um adversário. No fundo, a partir de um indivíduo qualquer, esses especialistas da manipulação e do golpe podem construir do nada um avatar adaptado a cada situação.

Voltemos aos critérios de perversão moral:

Sedução e manipulação

A sedução interpessoal e social tornou-se a chave de todas as relações. A principal missão do departamento de comunicação de

---

[1] Ben Jelloun, T., *Le Monde*, sábado, 1º, domingo, 2, segunda-feira, 3 de janeiro de 2011.

UMA SOCIEDADE QUE INDUZ

uma empresa ou organização é seduzir os clientes, consumidores ou cidadãos. Em qualquer circunstância e lugar, a imagem é primordial. O que importa é a aparência e, acima de tudo, a aparência física. Por sinal, certos estudos demonstraram que os políticos fisicamente sedutores (especialmente os homens) recebem mais votos que os outros.

Ser sedutor significa ter um ar afirmativo, um certo tom de voz e determinados comportamentos não verbais, movimentos e utilização do espaço. Tudo isso pode ser trabalhado com treinadores. É o que fazem os políticos. Eles também aprendem a personalizar sua imagem, posando para fotos na cozinha ou participando de programas de entretenimento. Isso lhes permite criar artificialmente uma proximidade com os eleitores, que poderão assim se identificar com eles.

Vivemos num mundo de aparências, no qual pouco importa quem somos ou o que fazemos, o importante é aquilo que aparentamos.

Esse culto da imagem estendeu-se a todos os campos. No mundo do trabalho, é muito menor a preocupação com as consequências distantes dos atos do que com os resultados imediatos e aparentes. Não basta mais trabalhar e produzir bons resultados, é necessário também aparecer, ser mais apreciado, botar para funcionar a rede de relações. A visibilidade é mais importante do que o rendimento e a eficácia; antes uma agenda bem cheia do que o talento.

A sedução também é uma questão de linguagem. Como vimos em nossa análise, é possível manipular o outro com falas sedutoras, o que permite mostrar-se violento, mas sob uma capa de suavidade. Basta vestir a mensagem numa linguagem atenuada e eufemística, falar de bem-estar, respeito, tolerância. Em sua aula inaugural no Collège de France, em a 7 de janeiro de 1977, Roland Barthes

212 ABUSO DE FRAQUEZA E OUTRAS MANIPULAÇÕES

afirmou: "Discorrer é sujeitar." Antes dele, Platão assinalara esse mesmo fato em seu diálogo intitulado *Gorgias*, dando a entender que a retórica, pela suavidade e a sedução, induzia a persuasão. Górgias teorizava há muito tempo aquilo que hoje chamamos de comunicação.

Mentira

Atualmente, a fronteira entre mentira e realidade se diluiu. As pequenas acomodações com a verdade, as afirmações inexatas e impensadas tornaram-se sistemáticas. O importante é ocupar terreno, aparecer para se impor no psiquismo do interlocutor (não seria exatamente aquilo que assinalamos a propósito do assédio por intrusão?). A mentira se banalizou de tal maneira que mentirosos reconhecidos como tal continuam a se manifestar pelos meios de comunicação ou conservam seu mandato político.

Teoricamente, é claro, com as novas ferramentas de comunicação, alguns cliques do mouse permitem checar números e argumentos, mas os homens e mulheres de poder, escorados num exército de assessores de comunicação e marketing, os *spin doctors*, aprendem a usar o "economês" ou o "politiquês" e a dar respostas vagas. Quando Dominique Strauss-Kahn ostentou o relatório do promotor diante das câmeras de TF1 como prova de sua inocência, sabia perfeitamente que era uma meia mentira, mas esperava que passasse por uma verdade.

Nos estúdios de TV, quando o tempo de fala é muito curto, os políticos precisam simplificar seu discurso, dissimular o fato de que não dominam completamente as questões de que tratam. Valendo-se de eufemismos para falar das situações, ocultando o que é importante por trás do anedótico, eles dão

UMA SOCIEDADE QUE INDUZ

213

um jeito de negar as realidades que incomodam. Com isso, podem deformar deliberadamente a realidade, eliminando os dados que não convêm a seu projeto. Foi assim que George W. Bush proclamou dispor de provas da presença de armas de destruição em massa no Iraque para convencer a opinião pública mundial a entrar em guerra.

Foi também o caso da Grécia, que em 2004, para se integrar à zona do euro, mentiu sobre suas contas públicas e sobre os números fornecidos à Eurostat, anunciando um déficit de 2% do PIB (produto interno bruto), em vez de 4,1%.[1] Os outros países-membros ficaram com a desagradável impressão de terem sido manipulados, mas a Grécia não foi punida: eram raros os Estados da zona do euro que podiam se considerar irrepreensíveis. Cada país organiza suas pequenas trapaças mais ou menos legais, seus passes de mágica em matéria de contabilidade. Não se hesitou em incumbir bancos de prestígio de ajudar certos países a apresentar suas contas públicas de uma maneira mais palatável.

Naturalmente, nada disso é novo. Hannah Arendt escrevia em 1969: "O segredo — aquilo que diplomaticamente chamamos de 'iscrição', ou '*rcana imperii*', os mistérios do poder —, a fraude, a falsificação deliberada e a mentira pura e simples, usados como meios legítimos de alcançar objetivos políticos, fazem parte da história por mais longe que remontemos no passado."[2]

---

[1] Gatinois, Cl. e Van Renterghem, M., *Le Monde*, sábado, 20 de fevereiro de 2010.

[2] Arendt, H., *Du mensonge à la violence*, Calmann-Lévy, tradução francesa de 1972.

214   ABUSO DE FRAQUEZA E OUTRAS MANIPULAÇÕES

Como demonstrou um filme recente, O *exercício do poder*, para ter êxito na política é necessário intrigar, mentir, desferir golpes, fazer chantagem. É a regra do jogo num mundo em que, para sobreviver, é preciso contar com uma rede de apoios e sobretudo "levar" o outro.

Embora prefira-se ocultá-lo, o fato é que o mundo empresarial foi contaminado por essa banalização da mentira. Para conseguir um emprego, é preciso dar um jeito de "ajeitar" o currículo; para negociar um contrato, será necessário dizer o que o interlocutor quer ouvir.

Daniel J. Isenberg, professor de gestão econômica em Massachusetts, publicou um artigo chocante. Ele se perguntava se todo bom empresário não devia mentir para ter êxito, propondo-se a ensinar aos novatos quando e como enganar todo mundo.

E fazia claramente as perguntas que em geral as pessoas evitavam formular por escrúpulo:

— seria aceitável distorcer a verdade quando todas as partes envolvidas num negócio estão conscientes de que as previsões numéricas são exageradas ou deformadas?;

— caberia adaptar nossas mentiras em função da cultura do país com o qual negociamos?

Outro estudo, conduzido por Dana Carney na Columbia Business School, sustenta que as pessoas em posição de poder mentem muito melhor que o comum dos mortais.[1]

---

[1] Dumay, J.-M., "Mentir pour entreprendre", Le Monde *magazine*, 5 de junho de 2010.

UMA SOCIEDADE QUE INDUZ   215

O discurso gerencial é um exemplo dessas meias verdades e outras formas de acomodação da realidade. Ele se pretende sedutor para o candidato à contratação e para a boa imagem externa da empresa, mas é sobretudo manipulador, procurando sujeitar os empregados, para que obedeçam de maneira dócil. Esse discurso, de aparente neutralidade e de incontestável racionalidade, ressalta valores nobres e universais, como a integridade, a solidariedade e a boa convivência, mas é perverso na medida em que instrumentaliza as pessoas e faz tábula rasa do sentido do humano.

Como demonstra Michela Marzano,[1] trata-se de um discurso muitas vezes mentiroso, com objetivos irreconciliáveis. Fala-se, por exemplo, de autonomia dos empregados, quando na verdade suas metas são predeterminadas, ou então eles são convidados a se envolver, muito embora, com a flexibilidade do trabalho, saibam perfeitamente que são descartáveis e podem ser demitidos da noite para o dia. Às vezes a mentira é mais direta, a exemplo do que acontece nas empresas que invocam a crise econômica como desculpa e demitem empregados não obstante seus excelentes resultados.

No discurso gerencial, a incompetência é mascarada e se cultiva uma imagem de profissional sério, substituindo palavras simples por palavras redundantes, abreviaturas e anglicismos, recorrendo a uma série de neologismos, palavras de impacto, generalizações apressadas, tautologias, eufemismos. Como a Novilíngua de George Orwell em 1984,[2] é uma linguagem vazia que não tem o objetivo de dizer algo, mas apenas de produzir determinado efeito para conquistar adesões.

---

[1] Marzano, M., *Extension du domaine de la manipulation*, Grasset, 2008.

[2] Orwell, G., 1984, op. cit.

216   ABUSO DE FRAQUEZA E OUTRAS MANIPULAÇÕES

Com efeito, por trás dessa aparente atenção e empatia, perce-
be-se muitas vezes uma negação do empregado, que é culpado e
rejeitado quando não obedece. Cria-se assim uma tela semântica
para ocultar que se está exigindo mais que nunca submissão e obe-
diência ao empregado.

Falta de escrúpulos

A crise econômica permitiu aos cidadãos se conscientizarem
da frequência com que a lei é transgredida nas praças financeiras.
Tornou-se praticamente uma norma. Houve casos de comportamento contestável da parte de grandes bancos de negócios e fundos
de investimento. Não faltou quem soubesse tirar proveito:

Em 11 de dezembro de 2008, Bernard Madoff, finan-
cista respeitado de Wall Street desde 1960, ex-presidente
da Nasdaq, confessou diante do FBI uma gigantesca fraude.
Ele teria levado clientes, seduzidos por promessas de lucros
mirabolantes, a perder, 50 bilhões de dólares. Conseguiu
enganar os maiores bancos internacionais, ricos investidores
e também organizações de caridade.

Durante anos, Bernard Madoff enganou a SEC (Securities
and Exchange Commission) na verificação de suas contas. Os
fiscais deixavam-se enganar pela segurança e a audácia desse
escroque em grande escala, permitindo assim que desviasse
somas fabulosas.

Ao ser desmascarado, Madoff, como Stavisky em 1934,
revelou todo um sistema de falcatruas e impostura genera-
lizada.

O comportamento de Madoff não é muito diferente do comportamento de Philippe, o escroque de Quebec. Apenas agia em maior escala e de maneira menos solitária.

Os banqueiros que põem em risco nossa economia fazem rigorosamente a mesma coisa, mas, antes, tomam a precaução de se cercarem de uma rede de proteção (antigos colegas das mesmas universidades, por exemplo), de obter apoio no mundo político etc. Dão um jeito de deixar a cena em tempo com seus paraquedas dourados e suas aposentadorias milionárias. Pouco lhes importa que provoquem a falência de seu banco: "A culpa é da crise." Eles não admitem qualquer responsabilidade. Nisso é que se revelam mais próximos dos perversos narcisistas que dos pequenos escroques como Philippe, que sabe perfeitamente que trapaceia e mente. Esses banqueiros não manifestam arrependimento por seus desmandos nem vergonha por terem "agido mal". Encontramos neles a mesma sede de poder que os leva a jogar nessa gigantesca máquina de moedas, só que com valores mirabolantes. Rapidamente, arrastados por sua megalomania, eles perdem o senso dos limites e podem chegar ao ponto de fornecer informações financeiras falsas às autoridades responsáveis pela segurança dos mercados.

Desresponsabilização

Quando um manipulador/trapaceiro é desmascarado, já vimos que para ele a solução é se apresentar como vítima. Começa pela negação: "Eu nunca disse (ou fiz) isso"; depois, vem a indignação: "Como é que podem dizer isso de mim? Quem me conhece sabe muito bem que é mentira!" Em seguida, alega discriminação:

218 ABUSO DE FRAQUEZA E OUTRAS MANIPULAÇÕES

"É por causa da minha origem social, porque eu sou mulher/negro/
judeu...". Finalmente, passa à acusação: "É um complô, uma cons-
piração."

Responsabilizar os outros pelas próprias dificuldades, atribuir
uma dor à atitude injusta dos outros é uma maneira de se proteger quando a autoestima já está fragilizada. O que é cada vez mais
comum. Como psiquiatra, recebo às vezes pessoas que de modo
algum vêm se consultar para questionar a seu próprio respeito, mas
apenas para ver reconhecida sua posição de vítima.

Mudança de valores

Os valores atuais mudaram. Passou a ser privilegiado o caminho
rápido, que consiste em avançar muito mais pela esperteza do que
pelo esforço, pela trapaça do que pelo trabalho. Como nos reality
shows, as pessoas querem acreditar que é possível ficar rico e
famoso simplesmente aparecendo na TV. Em vez de construir um
pensamento próprio, prefere-se zapear com as ideias dos outros.
O indivíduo procura fazer com que falem dele escrevendo (ou,
antes, fazendo alguém escrever) um livro para causar burburinho,
ou então plagia, alegando como desculpa a necessidade de rapidez
da redação ou um erro imperdoável do ghost-writer.

Nosso mundo endureceu. Seja nos comportamentos profissionais ou políticos, a benevolência saiu de moda, passando até a ser
suspeita, confundida com fraqueza. Foi substituída pela obsessão
de eliminar o concorrente da corrida, a necessidade de se mostrar
feroz, de não dar de bandeja. E, por sinal, foi constatado em certos
estudos que os que têm maior poder de causar dano são favorecidos
na hora das promoções.

UMA SOCIEDADE QUE INDUZ   219

A natureza humana é assim. Em 1929, Freud escrevia: "O homem não é um ser bondoso, de coração sedento de amor, que se defenderia quando atacado, mas, pelo contrário, um ser que conta entre seus dados instintivos uma boa dose de agressividade. Para ele, em consequência, o próximo não é apenas um auxiliar e um possível objeto sexual, mas também um objeto de tentação. O homem, com efeito, é tentado a satisfazer suas necessidades de agressão às custas do próximo, a explorar seu trabalho sem qualquer compensação, a usá-lo sexualmente sem seu consentimento, a se apropriar de seus bens, a humilhá-lo, a lhe infligir sofrimentos, a martirizá-lo e matá-lo."[1]

Por que nós aceitamos?

O cidadão teria se tornado particularmente ingênuo ou está desencantado, apático, passivo diante da influência social?

Com as novas técnicas de comunicação, passaram a ser usados métodos de condicionamento mais sutis, mais insidiosos e também mais eficazes. Graças às pesquisas de opinião, é possível identificar nossos desejos mais profundos, nossas fraquezas ocultas, o que em seguida permite que sejamos induzidos através de nossos pontos de vulnerabilidade. Como somos consultados e pesquisados, julgamos estar decidindo com toda liberdade, mas as reações nos foram inculcadas. Trata-se, é bem verdade, de uma dominação suave, mas que ainda assim nos sujeita.

O controle social é menos direcionado, mais hábil, escondendo-se por trás do progresso da ciência e das novas tecnologias,

---

[1] Freud, S., *Malaise dans la civilisation* (1929), Petite Bibliothèque Payot, 2010.

220 ABUSO DE FRAQUEZA E OUTRAS MANIPULAÇÕES

e funciona basicamente pela persuasão e pela culpabilização. Somos responsabilizados por tudo, inclusive por nossa saúde. É preciso estar em forma, feliz, satisfeito, funcionando. A autogestão e a obrigação de se tornar um empreendedor de si mesmo são exaltadas. Isso esgota os indivíduos, acarretando patologias da inadequação, tão bem-descritas por Ehrenberg.[1] Seja no trabalho, em família ou na vida social, as pessoas temem "não conseguir" ou "não estar à altura", e quando se consultam é para pedir um remédio que lhes permita melhorar de rendimento.

O indivíduo moderno é livre e autônomo, mas também é mais formatado, pois nosso mundo está cada vez mais padronizado, normatizado. Desse modo, para ter o bom perfil e não ser excluído, é necessário fingir, assumir uma atitude combativa, mascarar o cansaço ou o desânimo. Vem a ser desenvolvido, assim, um *falso self* de adaptação, que nos afasta de nossos verdadeiros sentimentos internos, mergulhando-nos numa vida desprovida de autenticidade.

Diante de tantas pressões e solicitações, é forte a tentação de capitular, de aceitar qualquer coisa, de desistir de assumir o próprio destino.

Numa sociedade que carece de sentido, cada um se agarra ao que pode. "Mais vale um sentido qualquer que nenhum sentido", escrevia Nietzsche. O que explica o desenvolvimento das seitas e religiões integristas, propondo referências evidentes e estáveis, nas quais existe alguém a ser seguido e um ideal para o qual se voltar. Como, então, distinguir entre a informação e a intoxicação mental?

---

[1] Ehrenberg, A., *La Fatigue d'être soi*, Odile Jacob, 1998.

Perda de limites

Em nossa sociedade narcisista, não existem mais limites para os desejos e, então, nada mais há a desejar. Tudo parece possível, e portanto tudo parece um direito líquido e certo. Perdemos o senso do proibido e da renúncia às pulsões. Essa importante mudança afetou a psicopatologia dos indivíduos, que nunca se mostraram tão desencantados e decepcionados, buscando desesperadamente aumentar a autoestima.

Não era essa derrubada dos limites que os psicanalistas pressentiam quando começaram a falar de *estado limite* ou de *personalidade limítrofe?*

Esse conceito de *borderline* surgiu inicialmente na década de 1960, com o psiquiatra americano Kernberg, e foi estudado na França na década de 1980, sob a designação de *estado limite*, pelo psicanalista Bergeret.

O estado limite, ou personalidade limítrofe, é uma organização da personalidade oscilando entre aspectos neuróticos e aspectos psicóticos. Esses indivíduos alternam entre momentos em que são hiperadaptados, bem-inseridos no real, e momentos projetivos, nos quais essa mesma realidade é deformada e interpretada de maneira excessiva e descontrolada.[1] Em outras palavras, o estado limite não é uma estrutura, mas um modo de funcionamento que consiste em pular de um lado a outro da fronteira.

O diagnóstico de personalidade limítrofe, ou estado limite, não representa em si mesmo uma patologia. Algumas dessas pessoas

---

[1] Chabert, C., "Les fonctionnements limites: quelles limites?", in *Les États limites*, PUF, 1999.

222   ABUSO DE FRAQUEZA E OUTRAS MANIPULAÇÕES

funcionam de forma absolutamente satisfatória, muito embora os limites do seu eu sejam porosos. Como sua autoestima é baixa, elas sentem necessidade constante de serem admiradas. A relação que estabelecem com os outros é de dependência e apoio, gerando uma fusão, mais que uma autêntica relação.

Esse modo de funcionamento, cada vez mais disseminado, traduz uma insegurança interna que deixa vulnerável à manipulação e ao abuso.

Mas a fronteira entre abusados e abusadores é estreita, pois o estado limite é marcado por uma instabilidade que pode evoluir:

— para uma adaptação do caráter. Na melhor das hipóteses, será uma pseudoneurose, com grande risco depressivo, ou então um enrijecimento em "pequenos paranoicos" que se consideram constantemente vítimas dos outros e se queixam de não receber deles a esperada atenção;

— ou então para adaptações perversas, de que falamos anteriormente.

Nesse imenso pôquer social em que todo mundo blefa, de que meios dispõem os consumidores, os cidadãos para se proteger? O que fazer frente ao cinismo e aos abusos dos poderosos?

Apesar de educado e culto, o indivíduo moderno, sentindo-se inseguro, é eminentemente influenciável. Quer ser livre, mas será manipulado com tanta maior facilidade por ter a sensação de desfrutar dessa liberdade. Deverá, portanto, mostrar-se particularmente vigilante, não para desconfiar de tudo e de todos, mas para se questionar sobre os limites do que lhe parece aceitável. O que é que lhe convém? O que deve recusar? Como identificar seus desvios para saber em que momento ele próprio se torna abusivo?

UMA SOCIEDADE QUE INDUZ

Devemos abrir os olhos para não cair nas armadilhas que se nos apresentam, educar nossos filhos e tratar de denunciar da maneira mais objetiva possível os atos abusivos, eximindo-nos de acusar arbitrariamente essa ou aquela pessoa ou grupo de pessoas.

Os tempos mudaram, os excessos cansaram, a insegurança se instalou com a crise econômica e financeira, o medo das catástrofes, das epidemias, dos riscos ambientais. Depois da euforia da liberalização, vem o desencanto. Nossos contemporâneos perderam a leveza. Tornaram-se desconfiados, voltam-se sobre si mesmos e não se iludem mais com o discurso dos políticos. Têm a sensação de terem sido enganados. Os que inicialmente ficavam fascinados com o comportamento hedonista de certas figuras famosas talvez tenham entendido que um limite foi ultrapassado. Embora a recente mudança social seguisse na direção da autonomia individual, hoje vemos surgir uma maior demanda de autoridade pública. Mas é preciso prestar atenção: a atual inflação do direito não deve tomar o lugar de um controle interno.

Se no momento em que escrevo estas linhas alguns grandes trapaceiros e impostores foram detidos ou mesmo punidos é porque os tempos mudaram. Seria o início de uma maior vigilância?

Impresso no Brasil pelo
Sistema Cameron da Divisão Gráfica da
DISTRIBUIDORA RECORD DE SERVIÇOS DE IMPRENSA S.A.
Rua Argentina 171 – Rio de Janeiro, RJ – 20921-380 – Tel.: 2585-2000